한국 단시조 100편 선집

현대시조유취

(사)한국시조협회

발간사

이사장 이 석 규

　예로부터 오늘날까지 고유의 형식이 그대로 이어져오는 문학 장르는 오직 시조(時調) 하나뿐이다. 시조는 완성된 형태로 나타난 연대로부터 따져도 700여년 이상의 장구한 역사를 지니고 있다. 처음에는 학자나 선비 또는 기생들이 주로 썼으나 차차 평민들에게로 확대되어 적어도 17세기 이후에는 대부분의 국민들이 알고 즐기는 우리민족을 대표하는 전통적 정형시가 되었다.

　이제 21세기로 들어선 지도 20여년이 지났으며 세계가 1일권으로 좁아지는 이른바 세계화시대를 구가하기에 이르렀다. 그런데 우리의 현실은 난삽하고 생경한 표현으로, 자랑이라도 하듯이 시의 본질을 왜곡하는 일부 극단적 자유시들이 난무하고 있다. 이런 때에 시조의 가치가 재인식되고 조금씩 높게 평가되고 있는 것은 참으로 바람직한 현상이 아닐 수 없다.

　또한 시조를 쓰지 않던 시인들까지도 시조에 희망을 걸고 손수 시조를 쓰는 일들이 점점 늘어나고 있다. 한국에서 노벨

문학상을 시조에서 먼저 받게 될 가능성이 크다는 말도 심심치 않게 흘러나오고 있다. 이처럼 시조 권역 밖의 문인들조차 관심을 갖고 시조에 희망을 걸고 있다. 가장 한국적인 것이 가장 세계적이라고 하지 않는가!

그런데 시조의 일각에서는 아직도 시조의 형식을 마구 파괴하는가 하면 도저히 시조라고 할 수 없는 작품들이 유명 일간지에서 작품상을 받는 경우도 드물지 않다.

이에 우리 (사)한국시조협회는 세계전통시인협회, 시조문학문우회, (사)한국시조문학진흥회, 여강시가회, 월하시조문학회 등 6개 단체에서 9명의 학자들이 모여 [시조명칭과 형식 통일안]을 제정하고 2016년 11월 15일 여러 단체의 많은 시조인들을 초청하여 국회 대강당에서 공청회를 가진 바 있다. 그리고 그것을 다시 정리하여 2016년 12월 15일 [시조명칭과 형식 통일안]을 선포하였다.

일각에서는 시조를 '언어의 감옥', '언어의 함정'이라고 말하면서 그 정형성의 완강함을 비판하기도 한다. 또 어떤 이들은 시조를 구시대의 유물로 지금도 글자 수를 맞춰 정격으로 쓴다는 것은 시대에 역행하는 것이라고도 한다. 특히 후자의 주장은 우리나라에서만 볼 수 있는 해괴한 현상이다. 중국에 절구와 율시가 있고 일본에 와카나 하이쿠가 있으며 그리고 영어권에는 소네트가 있다. 그런데 정형시를 쓰는 인구가 자유시를 쓰는 인구보다 줄어들고 있다는 말은 있어도, 그들의 정형시가 구시대의 유물이므로 그 형식을 혁신하고 개혁한다는 말은 들어본 적이 없다. 율시나 하이쿠란 이름으로 정형을 파괴하는 작품을 쓰고 있다는 말은 들어본 적이 있는가? 물론 그 나라 시인들도 그들의 정형시를 언어의 감옥이라고 답답해 하는 사람도 있다. 그러면서도 그런 정형의 틀에서 나오는 시의 묘미를 높게 존중한다. 심지어 일본의 경우는 하이쿠 시인이 수백만 명을 이른다고 한다. 왜 우리나라만 시조의 형식을 파괴하고 변형해야 하는지 이해할 수가 없다.

우리 (사)한국시조협회는 정격을 지켜 나아가려는 굳은 의지를 가지고 있다. 그리하여 이론적으로 튼튼한 바탕을 가지고 파격이나 탈격의 잘못된 관행을 바로 잡아 널리 펴며, 나아가 정격시조로서 유네스코 문화유산에 등재하고자 하는 것이다.

이러한 뜻을 바탕으로 [현대시조유취]는 당연히 정격을 준수하는, 수준 높은 작품을 엄선하여 세상에 우리 시조를 널리 알리고자 하는 목적으로 발간하게 되었다. 그리고 이러한 [시조선집]을 지속적으로 펴낼 계획이다. 더구나 앞으로는 여러 나라의 언어로 번역하여 시조를 세계에 널리 펴는 일에도 정성을 쏟을 것이다.

그 동안 한 마음 한 뜻으로 최선을 다하여 협조하고 노력을 아끼지 않으신 발간위원회 우성훈 위원장님과 여러 위원님들, 편집진 및 회원 여러분 그리고 여러모로 협조해주신 모든 분들께 충심으로 감사를 드린다. 그리고 이 책을 정성껏 만들어 주신 조은출판사 김화인 사장께도 정중히 감사의 뜻을 표한다.

목차

발간사 이사장 이석규 / 3

고시조 (연대 순)
우　탁 • 춘산에 눈 녹인 바람 / 13
이　색 • 백설이 잦아진 골에 / 14
원천석 • 흥망이 유수하니 / 15
정몽주 • 이 몸이 죽어 죽어 / 16
원　호 • 간밤에 울던 여울 / 17
황진이 • 동짓달 기나긴 밤을 / 18
홍　랑 • 묏버들 가려 꺾어 / 19
양사언 • 태산이 높다 하되 / 20
정　철 • 어버이 살아신 제 / 21
윤선도 • 오우가 3 / 22
남구만 • 동창이 밝았느냐 / 23
김천택 • 잘 가노라 닫지 말며 / 24

현대 시조(1) – 1950년 이전 – (연대 순)
최남선 • 혼자 앉아서 / 27
이병기 • 오동(梧桐)꽃 / 28
이희승 • 벽공(碧空) / 29
이은상 • 봄처녀 /30
이호우 • 진주 / 31

이태극 • 파초상 / 32
정소파 • 삼팔선(三八線) / 33
이영도 • 그리움 / 34
정완영 • 낮 달 / 35
김상옥 • 부재(不在) / 36
이우종 • 소리 / 37

현대 시조(2) - 1950년 이후 - (가나다 순)

강에리 • 사랑 / 41
고현숙 • 나를 찾아서 / 42
구충회 • 첫눈 / 43
권갑하 • 담쟁이 / 44
김광수 • 재두루미 / 45
김귀례 • 능선의 미 / 46
김남환 • 어머니 낮달 / 47
김달호 • 고향 사투리 / 48
김락기 • 봄날 / 49
김명호 • 장독대 / 50
김사균 • 가을 서정 / 51
김석철 • 불면 / 52
김숙선 • 마음의 무게 / 53
김숙희 • 우전차를 마시며 / 54
김영배 • 아픔 / 55
김영애 • 조각보 / 56
김월한 • 쇠똥구리의 역사(役事) / 57
김윤숭 • 알라 / 58

김재황 • 물총새가 되어 / 59
김　준 • 오를 수 없는 산 / 60
김태희 • 내 집의 아버지 / 61
김흥열 • 우포늪 가시연꽃 / 62
노　업 • 길을 보다 / 63
노재연 • 산사에서 / 64
류각현 • 의자 / 65
모상철 • 생각 부메랑 / 66
문복선 • 눈 감으면 / 67
박순영 • 이래도 저래도 / 68
박찬구 • 누에 / 69
박헌수 • 미역국 / 70
박헌오 • 도라지 꽃 / 71
성낙수 • 홍시 / 72
송귀영 • 창작의 힘 / 73
신계전 • 운필(韻筆) / 74
신웅순 • 어머니 35 / 75
안용덕 • 보이스 피싱(voice phishing) / 76
안해나 • 은장도, 길을 열다 / 77
양상군 • 직선이 가는 길 / 78
우성훈 • 복수초(福壽草) / 79
원수연 • 이름 모를 풀꽃이 / 80
원용우 • 낮달 / 81
유만근 • 내 겨울 / 82
유상용 • 고 목 / 83
유성규 • 상(像) / 84

유준호 • 산사(山寺)에서 / 85
이광녕 • 매듭 풀기 / 86
이근구 • 백담사 / 87
이기선 • 난, 새 촉이 돋다 / 88
이미숙 • 별 / 89
이미숙 • 저녁 노을 / 90
이상범 • 금잔 / 91
이석규 • 가을 빛 / 92
이성미 • 자연의 순리 / 93
이일숙 • 풍경 / 94
이일향 • 동지 / 95
이정자 • 봄비 / 96
이태희 • 된장국 / 97
이　헌 • 첫눈 / 98
이흥우 • 고드름 / 99
임병웅 • 매화 2 / 100
임종찬 • 금낭화 / 101
장순하 • 불면의 밤에 / 102
전규태 • 연가 12 / 103
전선경 • 엄마품 / 104
정유지 • 무궁화 / 105
정진상 • 벚꽃 만개(滿開) / 106
조영희 • 아침 이슬 / 107
진길자 • 등대 / 108
채윤병 • 독서는 즐거워 / 109
채현병 • 자이브(Jive) / 110

천옥희 • 바늘 / 111
최순향 • 옷이 자랐다 / 112
최은희 • 목련 / 113
한승욱 • 술잔 / 114
한재희 • 하늘 길 / 115
현원영 • 흘러라 지구 은하수 / 116
홍오선 • 종이꽃 / 117

작품 해설과 분석

고시조 – 김흥열 / 120
　　　　　구충회 / 125
　　　　　이정자 / 130
　　　　　백승수 / 137

현대시조(1) – 문복선 / 143
　　　　　　　이광녕 / 147
　　　　　　　원용우 / 153
　　　　　　　이석규 / 158

시조 명칭과 형식 통일안 / 165

편집을 마치며 편집위원장 우성훈 / 169

색인 / 172

고 시 조

춘산에 눈 녹인 바람

우 탁

춘산에 눈 녹인 바람 건듯 불고 간 데 없다
잠깐 비러다가 불리고자 머리위에
귀 밑에 해묵은 서리를 녹여 볼까 하노라.

— 청구영언 진본

* 1263~1342
* 호 : 역동, 충북 단양
* 고려말 유학자
* 성균관 패주(종3품)

백설이 잦아진 골에

이 색

백설이 잦아진 골에 구름이 머흐레라
반가운 매화는 어느 곳에 피었는고
석양에 홀로 서 있어 갈 곳 몰라 하노라.

– 청구영언 진본

* 1328~1396
* 호 : 목은, 경북 영덕
* 고려말 문신, 성리학자
* 대제학, 우왕 사부, 성균대사성, 문하시중

흥망이 유수하니

원 천 석

흥망이 유수(有數)하니 만월대도 추초(秋草)로다
오백 년 왕업이 목적(牧笛)에 부쳤으니
석양에 지나는 객이 눈물겨워 하노라.

– 해동가요 일석본

• 1330~ ?
• 호 : 운곡, 강원 원주
• 고려말 학자
• 태종 유아시 스승

이 몸이 죽어 죽어

정 몽 주

이 몸이 죽어 죽어 일백 번 고쳐 죽어
백골(白骨)이 진토(塵土)되어 넋이라도 있고 없고
님 향한 일편단심(一片丹心)이야 가실 줄이 있으랴.

— 청구영언 진본

- 1337~1392
- 호 : 포은, 경북 영천
- 고려말 성리학자, 문관
- 예문관 대제학, 문학 찬성사

간밤에 울던 여울

원 호

간밤에 울던 여울 슬피 울어 지내거다
이제야 생각하니 님이 울어 보내도다
저 물이 거슬이 흐르고져 나도 울어 예리라.

— 청구영언 진본

• 1396~1463
• 호 : 관란정, 강원 원주
• 조선시대 학자, 문관, 생육신
• 세종5년 집현전 직제학

동짓달 기나긴 밤을

황 진 이

동짓달 기나긴 밤을 한 허리를 베어 내어
춘풍 이불 아래 서리서리 넣었다가
어른님 오신 날 밤이어든 굽이굽이 펴리라.

― 청구영언 진본

- 생몰연대 미상
- 호 : 명월, 경기 개성
- 조선 중종 때 개성 명기, 시인

묏버들 가려 꺾어

홍 랑

묏버들 가려 꺾어 보내노라 님의손대
자시는 창 밖에 심어 두고 보소서
밤비에 새잎 곧 나거든 날인가도 여기소서.

— 오씨가장박사본

- 생몰연대 미상
- 함남 홍원
- 조선 선조 때 함경도 홍원 기녀

태산이 높다 하되

양 사 언

태산이 높다 하되 하늘 아래 뫼이로다
오르고 또 오르면 못 오를 리 없건마는
사람이 제 아니 오르고 뫼만 높다 하더라.

– 해동가요 박씨 본

- 1517~1584
- 호 : 봉래, 청주(본관)
- 조선시대 문관, 문필가
- 명종 때 강릉 부사, 회양 군수 등

어버이 살아신 제

정 철

어버이 살아신 제 섬길 일란 다하여라
지나간 후면 애닯다 어이하리
평생에 고쳐 못할 일이 이뿐인가 하노라.

– 청구영언 진본

* 1536~1593
* 호 : 송강, 창원(본관)
* 조선시대 문관, 시인
* 선조 때 우의정과 좌의정

오우가 3

윤 선 도

꽃은 무슨 일로 피면서 쉬이 지고
풀은 어이하여 푸르는 듯 누르나니
아마도 변치 않을 손 바위뿐인가 하노라.

— 고산 유고집

- 1587~1671
- 호 : 고산, 전남 해남
- 조선 시대 시인, 문관
- 한성 서윤, 성주 현감 등

동창이 밝았느냐

남 구 만

동창이 밝았느냐 노고지리 우지진다
소 치는 아이는 상기 아니 일었느냐
재 너머 사래 긴 밭을 언제 갈려 하나니.

— 영언 규장각 본

- 1629~1711
- 호 : 약천, 의령(본관)
- 벼슬한 후 전원생활
- 우의정, 좌의정, 영의정

잘 가노라 닫지 말며

김 천 택

잘 가노라 닫지 말며 못 가노라 쉬지 마라
부디 긏지 말고 촌음을 아껴 쓰라
가다가 중지 곧 하면 아니 감만 못 하니라.

— 해동가요 주씨 본

- 1687~1758
- 호 : 남파
- 조선후기 문인
- 『청구영언』 편찬

현대 시조(1)
− 1950년 이전 −

혼자 앉아서

최 남 선

가만히 오는 비가 낙수져서 소리 하니
오마지 않는 이가 일도 없이 기다려져
열릴 듯 닫힌 문으로 눈이 자주 가더라.

* 1890~1957, 호: 육당(六堂), 서울 출생
* 〈독립선언문〉 기초한 민족대표.
* 〈대한유학생회보〉 시조 발표. 〈소년:해에서 소년에게〉
* 시조부흥의 선구자, 대표작 : 〈백팔 번뇌〉

오동(梧桐)꽃

이 병 기

담머리 넘어드는 달빛은 은은하고
한 두 개 소리 없이 나려지는 오동(梧桐) 꽃을
가려다 발을 멈추고 다시 돌아 보노라.

- 1891~1968, 전북 익산 출생
- 호 : 가람
- 국문학자, 시조시인
- 대표작 : 〈난초〉, 〈박연폭포〉
- 시조집 : 『가람시조집』

벽공(碧空)

이 희 승

손톱으로 톡 튀기면 쨍하고 금이 갈 듯
새파랗게 고인 물이 만지면 출렁일 듯
저렇게 청정무구(淸靜無垢)를 드리우고 있건만.

- 1896~1989, 호: 일석(一石), 경기 의왕 출생
- 국어학자, 서울대 교수
- 〈한글맞춤법 강의 1946〉, 〈조선어학 논고1955〉, 〈국어학개설1955〉
- 시인, 시조시인, 수필가

봄처녀

이은상

봄처녀 제 오시네 새 풀옷을 입으셨네
하얀 구름 너울 쓰고 진주 이슬 신으셨네
꽃다발 가슴에 안고 뉘를 찾아 오시는고.

- 1903~1982, 호: 노산. 경남 마산 출생
- 이화여자전문대학 교수. 동아일보 기자
- 〈고향생각〉, 〈가고파〉, 〈성불사의 밤〉
- 시조집 : 『노산시조선집1958』

진주

이 호 우

배앝아도 배앝아도 돌아드는 물결을 타고
어느 새 가슴 깊이 자리잡은 한 개 모래알
삭이려 감싸온 고혈(膏血)의 구슬토록 앓음이여.

* 1912~1970, 호 : 이호우(爾豪愚), 경북 청도 출생
* 시조시인 이영도의 오라버니.
* 시조집 : 『비가 오고 바람이 붑니다』
* 대표작 : 〈개화(開花)〉

파초상

이 태 극

모래에 뿌리한 채 남국의 꿈을 바라
죽죽 벋은 잎새 훈훈한 바람이여
불 붙는 햇볕을 담아 푸르름에 사는 너.

- 1913~2003, 호: 월하, 강원 화천 출생
- 1955 한국일보 신춘문예 〈산딸기〉
- 이화여대 교수, 〈시조문학〉 발행인
- 시조시인협회 회장
- 시조집 : 『꽃과 여인』

삼팔선(三八線)

정 소 파

서글픈 삼팔선을 밤새워 넘어 가네
새벽 달 지새는데 깊은 산골 접어 들어
내 나라 내 땅 내 길을 몰래 갈 줄 뉘 아리.

- 1912~2013, 본명 : 현민(顯珉), 전남 광주 출생
- 1951~1986 교육계 투신
- 1957 동아일보 신춘문예
- 시조집 : 『산창일기』, 『슬픈 조각달』

그리움

이 영 도

생각을 멀리하면 잊을 수도 있다는데
고된 삶음에 잊었는가 하다가도
가다가 월컥 한 가슴 밀고 드는 그리움.

- 1916~1976, 호 : 정운(丁芸), 경북 청도 출생
- 부산여자고등학교 교사
- 이호우의 누이동생.
- 시조집 :『청저집(靑苧集)』,『석류』

낮 달

정 완 영

저것 봐 저것 좀 봐 낮달 하나 뜬 것 좀 봐
어릴 제 놓친 풍선 울다 지친 분홍 풍선
애석한 옛 생각 같은 낮달 하나 뜬 것 좀 봐.

* 1919~2016, 호: 백수, 경북 김천 출생
* 1960 〈현대문학〉〈애모〉 등단
* 1961 조선일보 신춘문예
* 1996 온겨레 시조짓기추진회장
* 한국시조작가 부회장

부재(不在)

김 상 옥

문 빗장 걸고 있고 섬돌 위엔 신도 없다
대낮은 아닌 밤중 이웃마저 부재하고
초목만 짙고 푸르러 기척하나 없는 날

* 1920~2004. 경남 통영 출생.
* 호: 초정(草汀 · 艸汀 · 草丁).
* 1939년 〈문장〉지에 〈봉선화〉 발표
* 시조집 :『초적1947』

소리

이 우 종

새 소리 바람 소리 꽃봉오리 트는 소리
돌각담 끼고 돌아 나울지는 물결 소리
두 손을 귀에 모으면 가슴 안의 내 소리.

- 1925~1999, 호 : 유동(流東), 충남 아산 출생
- 1998~1999 한국시조시인협회 회장
- 1960 조선일보 신춘문예〈비원(悲願)〉
- 1961 동아일보〈탑〉
- 저서 : 『현대시조의 이해』

현대 시조(2)
- 1950년 이후 -

사랑

강 에 리

내 마음에 그리움이 새싹처럼 자라나네
잠자던 잎새들이 살며시 고개 들면
꽃들이 넝쿨 타고서 낮과 밤을 채우네.

- 시조시인, 칼럼니스트, 강사
- (사)한국시조협회 이사
- (사)한국국보문인협회 이사
- 2014 한국문학신문 기성문인문학상 수상
- 시집 : 『단 하나의 꿈』

나를 찾아서

고 현 숙

밤사이 흔들림도 바람을 탓하였네
곳곳에 외침소리 예까지 들리는 듯
어쩌랴 태극의 자손 그 뜨거운 눈물을.

• 한울문학 자유시, 영남문학 수필, 시조문학 시조등단
• 시조문학 작가상, 올해의 시조문학상수상
• 시조문학 사무국장
• 시조시인협회회원 ,여성시조회원, (사)한국시조협회 이사
• 시조문학 편집장

첫눈

구 충 회

열일곱 가시내가 볼우물 짓던 날
내 입술 가장자리 첫눈이 내렸다
지금도 그 하얀 눈을 나 혼자 맞고 있다.

• 한국시조협회 부이사장
• 세계전통시인협회 한국본부 총괄처장
• 《시조생활》 신인문학상 수상
• 《문예비전》 시, 수필 신인문학상 수상
• 세계전통시인협회 한국본부작품상 수상
• 매헌 윤봉길문학상 수상
• 시조집 : 『노을빛 수채화』

담쟁이

권 갑 하

삶은, 가파른 벽을 온몸으로 오르는 것
무성한 잎을 드리워 속내는 숨기는 것
비워도 돋는 슬픔은 벽화로 그려낼 뿐.

* 1958년 문경 출생
* 문화콘텐츠학박사
* 1991년 《시조문학》, 〈조선일보〉〈경향신문〉 신춘문예 당선 등단.
* 시조집:『아름다운 공존』외, 평론집:『현대시조 진단과 모색』
* 중앙시조대상 등 수상.

재두루미

金 光 洙

목 늘여 환상(幻想)을 좇다 뜬구름에 혼(魂)을 앗겨
허공(虛空)으로 펼친 나래 푸른 한 철을 퍼덕이다
갈대꽃 하얗게 지는 강 언덕에 앉은 어옹(漁翁).

- 1975년 조선일보 신춘문예 당선
- 씨얼문학회장. 한국시조시인협회 부회장
- 한국문인협회 감사, 관악문인협회 회장 역임
- 현) 국제펜클럽 회원. 하동문학작가회 부회장
  한국문인협회 문인저작권옹호위원, (사)한국시조협회 자문
- 시집 : 『등잔불의 肖像』, 『길을 가다가』
- 평설집 : 『운율의 매력을 찾아』
- 수상 : 한국시조시인협회상

능선의 미

김 귀 례

판소리 한 소절이 내마음의 탯줄인 듯
한 가닥 난초 잎이 긋고 간 혼불인 듯
하늘은 또 하늘대로 오늘만큼 벗는다.

* 2000년 시조생활 신인문학상으로 등단
* 세계전통시인협회 이사
* 한국문협 평생교육운영위원, (사)한국시조협회 총무부국장
* 시조생활지 교열부장, 강남문협 감사
* 공저 : 『토함』 동인지(2집~9집), 『회귀선의 돛대』 외 다수
* 수상 : 서울문예상 외 다수

어머니 낮달

김 남 환

당신이 벗어놓고 간 세월은 암자런가
무성한 초록 너머 낮달로나 오신 당신
철쭉꽃 몸으로 태우며 벼랑 끝에 섰습니다.

* 1972년 월간문학 신인상 당선
* 한국문인협회 시조분과위원장, 부이사장 역임
* 한국시조시인협회 회장 역임
* 한국여성시조문학회 초대회장 역임
* 작품집 : 「가을 바람춤」 등 8권
* 한국문학상, 이호우시조문학상, 이영도(정운) 문학상 등 수상

고향 사투리

김 달 호

짙게 밴 사투리에 진동하는 고향 냄새
눈 익은 풍경들이 기억 속을 걸어 나와
외로운 낯선 땅에서 말동무가 되어 준다.

- 경희대 경제학박사
- 수필문학 수필 및 문학공간 시 등단
- (사)한국시조협회 시조 등단
- 한국문협 및 국제펜클럽 한국본부 회원
- 강남문협 및 서초문협 회원, (사) 한국시조협회 회원
- 서초문학상 및 석탑산업훈장 수훈
- 전) 경인여대 겸임교수

봄날

김 락 기

오늘 본 꽃세상이 꿈인지 생시인지
해마다 사월이면 또 봄인가 하다가도
그 잠깐 한눈 팔때에 하마 가고 없더라.

- 호 : 산강
- (사) 한국시조문학진흥회 이사장
- 작품집 : 『삼라만상』, 『바다는 외로울 때 섬을 낳는다』 등

장독대

김 명 호

손때가 어려 있는 어머니 품이런가
고추장 된장독에 가문의 긍지 담고
아들딸 치성 올렸던 애환 어린 성지라.

- 호: 벽강, 문화예술학 박사
- 2016 한국시조협회 신인문학상
- (사)한국시조협회 사무차장
- 문화체육관광부 장관비서관 역임
- 전 청운대학교 겸임교수

가을 서정

김 사 균

자꾸만 달아나는 그 마음 붙잡아다
구절초 향내 나는 편지를 쓰고 싶다.
사연도 쪽물이 배는 눈이 시린 저 하늘.

• 시조문학 등단
• 월하시조 문학상
• 사)한국시조협회 회원
• 시조집 :『서천에 낮달로 앉아』등

불면

김 석 철

깊어가는 상념 속에 모의하는 불씨 몇 낟
묻고 또 묻어 봐도 기를 쓰고 눈 뜨는 빛
새도록 소란을 피워 불장난을 겨루는.

- 1978년 『詩文學』 시 추천
- 1980년 『月刊文學』 시조 당선 등단
- 한국문인협회 이사, 국제펜클럽경기부회장
  한국시조시인협회 부이사장 등 역임
- 시조집 : 『바다 風景』, 『바람처럼 구름처럼』, 『가을 산책』
  『참 선비의그 뜻은』, 『시간 위에서』 등 5권
- 수상 : 노산문학상, 백양촌문학상, 황산시조문학상,
  한국시조문학상, 월하시조문학상, 경기예술대상, 성남시문화상 등

마음의 무게

김 숙 선

잔잔한 호수 가에 누군가 돌을 던져
일렁인 파장 위에 가슴앓이 떨림으로
너와 나 시이소 타며 오고 가는 추(錘)인가.

* 호: 늘봄, 시조문학 등단
* (사)한국문인협회 자문위원, (사)한국시조협회 이사
  (사)한국 시조시인협회 중앙위원
* 샘터 시조상 (2006), 한국 시조시인협회 공로상(2008)
  오늘의 좋은 시조집상(2010),
  제18회 올해의 시조문학 작품상(2016)
* 저서 : 시조집 『그리움의 창』

우전차를 마시며

김 숙 희

앙감질 그 햇살에 숨 고르고 젖던 잎새
초록물 든 손길마다 봄빛 스릇 풀어놓고
오늘은 나의 찻잔에 쫠쫠 넘쳐 오시는가.

- 《시조생활》 시조등단(1998), 《현대수필》 수필등단(2010)
- 한국문인협회 회원 및 국제펜클럽 한국본부 회원
- 한국시조시인협회 회원, 현대수필 이사, (사)한국시조협회 회원
- 현대문학신문 전국백일장대회 시 부문 수상
- 대한민국 문화경영대상 수상
- 시집 : 『꽃, 네 곁에서』
- 수필집 공저 : 『길이 끝나는 그곳에』 외 다수

아픔

김 영 배

비구름 지난 자리 더욱더 푸르구나
이랑에선 새 소식에 가을을 꿈꾼다
볏단을 한 가득 싣고서 흐른땀을 씻는다.

· 시조시인
· 세계전통시협회 회원
· (사)한국시조협회 감사
· 동화구연가
· 사회복지사

조각보

김 영 애

잊혀 진 사연들이 몰려와서 추억되듯
버려진 쪽 쪽들이 박음질로 거듭난다
아팠던 순간이라도 엮어두면 내 인생.

- 한맥문학 수필 등단(2005) .시조문학 등단(2007)
  월간 신문예 자유시 등단(2013)
- 월하시조문학회 회장, (사)한국시조협회 경북지부장
  시조문우회 부회장, 영주문협 부회장
- 『초승달에 걸린 반지』, 『별이 되는 꽃』
  『쪽빛 하늘 한 조각』, 『씀바귀가 여는 봄 하늘』
- 시조문학 올해의 작품상, 달가람문학상, 시조협회문학상
  한국시조문학상, 국제문화 예술상, 허난설헌 문학상

쇠똥구리의 역사(役事)

김 월 한

쇠똥구리 쇠똥알은 보석보다 빛나는 것
스스로 사랑하며 우주처럼 굴리는 것
온갖 것 다 버리고도 쇠똥알만 품는 것.

- 조선일보 신춘문예 시조당선(1972)
- 한국시조시인협회, 한국문인협회, 국제펜클럽한국본부 외
  (사)한국시조협회 자문위원
- 제7회 현대시조문학상 외 다수
- 시조집 : 「솔바람 소리」 외 다수
- 평설집 1,2권 외

알라

김 윤 숭

거룩한 소크라테스 알라의 예언잔가
너 자신을 알라 알라 알라만 부르짖네
알라를 외치는 사람들 살림 뜻을 알라고.

• 시조문학 등단
• 지리산문학관장, 자연치유학명예박사
• 지리산문학관장김윤숭 · 인산죽염(주)회장김윤수
• (사)한국시조협회 부이사장
• (사)한국시조문학진흥회 기획부이사장
• (사)한국수필가협회 부이사장

물총새가 되어

김 재 황

흐르는 물속으로 가는 눈길 쏟노라면
물길을 거슬러서 꼬리치는 바로 그것
살같이 내리꽂이서 빛난 시를 잡는다.

· 1987년 《월간문학》으로 등단. (사)한국시조협회 자문위원
· 시조집: 「콩제비꽃 그 숨결이」, 「묵혀 놓은 가을엽서」
  「서호납줄갱이를 찾아서」, 「나무 천연기념물 탐방」,
  「워낭 소리」 외 다수 · 동시조집 : 「넙치와 가자미」
· 시조선집 「내 사랑 녹색세상」 외 시집 다수
· 시인론집 「들꽃과 시인」 · 시론집 : 「시화」 등.

오를 수 없는 산

김 준

하잘 것 없는 것은 바람에 다 날리고
깎아지른 절벽 아래 외로움도 내려 놓고
이제는 오를 수 없는 이쯤에서 머문다.

- 호 : 석우, 서울여자대학교 명예교수, 문학박사
- 시조문학 발행인겸 편집주간
- 시조집 : 『사십이장』
  『사랑을 알고 있어도 사랑할줄 모를 나이』 외 다수.
- 평설집 : 『시인따라 시집따라』
- 학술서 : 『한국농민소설 연구』, 『여성과 문학 (공저)』
  『현대시조문학론』
- 가람시조문학상 수상, 월하시조문학상 수상 외 다수

내 집의 아버지

김 태 희

홀로 있는 햇살 한줌 바람 소리 들인다
가슴 속 밑동까지 가라앉은 외로움
그렇게 머금었으니 더 야윈 노송 하나.

- (사)한국문인협회 정책개발위원
- (사)한국시조협회 이사
- (사)한국시조시인협회, 월간문학저널 부회장
- 중앙일보시조백일장 8회 입상, 단테문학상
  제1회 이해조문학상, 제2회 무궁화문학상
  한국문학신문시조대상, 제8회 후백황금찬시문학상
- 시집 : 『달래강여울소리』, 『그날의 소금밭』

우포늪 가시연꽃

김 흥 열

늪 깊이 가라앉은 시원(始原)의 빛을 꺼내
문명을 거부한 채 꽃한송이 피워놓고
아득한 태고를 산다, 신앙같은 순결로.

- (사)한국문인협회 회원, (사)국제펜크럽한국본부 회원
- (사)한국시조협회 부이사장, (사)한국시조문학진흥회 회원
- 경기시조시인협회 회원, 여강시가회 회원
- 시조집: 『쉼표의 유혹』 외 3 • 시집: 『어제는 꽃비가』 외 2.
- 수필집: 『어머니의 종교』 외 2
- 이론서: 『정형(定型)의 매력』(현대시조 창작 지침서)
  『시조연구』(시조 창작 지침서)

길을 보다

노 엄

바람 가고 그만한 날 조그마한 물음 있어
목말라 헤매다가 소스라친 내 발자국
그 고리 매듭을 푸는 길목에서 길을 본다.

• 세계전통시인협회 부회장
• 한국아동시조시인협회 자문위원
• (사)한국시조협회 자문위원
• 시조생활시인협회 부회장 역임

산사에서

노 재 연

바람도 숨죽이는 산사의 이른 아침
대웅전 목탁소리 이슬마다 맺히는데
노오란 산국 향기가 내 마음을 적시네.

- (사)한국시조협회 제3회 신인문학상
- (사)한국시조협회 회원
- 경기시조시인협회 회원
- 경기도중등교장협의회장 역임

의자

류 각 현

한 때는 당찬 모습 그 언제 사라졌나
가을비 추적이고 가로등 밑 서있는
축 처진 축 처진 어깨 등이 굽은 아버지.

- 1944. 진천 출생, 호 : 常山, 虛靜, 柳川, 柳泉, 늘뫼.
- 월간문학, 한국시 등에 시, 시조, 동시, 동시조, 민조시, 수필 등단.
- 황산시조문학상, 강원문화예술상(문학), 강원문학작가상.
- 강원시조회장, 원주문협고문, 강원국제펜부회장
  (사)한국시조협회강원지부장.
- 저서 : 『행복한 인연』 외 14권.

생각 부메랑

모 상 철

까마득 하늘 너머 과녁을 놓친 화살
언젠간 돌아 오리 바람 안팎 떠돌다가
생채기 아물 날 없이 켜로 쌓인 메모 쪽.

- 〈시조생활〉 등단
- 한국시조협회 자문위원
- 작품집 : 『기다리는 아이』, 『이야기 거울』, 『우리 이웃들』, 『섬과 섬 사이』, 『새 길』
- 수상 한국시조문학상, 월하시조문학상, 아동문학작가상 대은시조문학상

눈 감으면

문 복 선

눈 감으면 어리는 건 남쪽 하늘 파란 바람
넘어 넘어 꽃 향기 묻어오는 아침나절
청 보리 고갯마루엔 산새알이 뜨겁다.

- 한국문협 및 펜문학 자문위원
- 한국시조문학문우회 회장,
- 한국시조협회 부이사장
- 노산문학상, 한국시조문학상, 월하시조문학상 등 수상
- 시조집 : 『시간이 그린 그림』 외 6권

이래도 저래도

박 순 영

미쳐버린 세상에 진실도 미쳤는지
자고나면 신문 속엔 딴 세상 이야기들
원시의 낱말 몇 개를 개집 앞에 놓고 왔다.

- 호 : 김玹, 2001년 《시조생활》 등단
- 한국시조협회 부이사장 · 세계전통시인협회 이사
- 한국문인협회 · 국제펜클럽 한국본부 · 한국시조시인협회
  서초문인협회 · 송파문인협회 회원
- 시천시조문학상, 공무원문예대전 등 수상
- 작품집 : 『꽃이 아니야』
- 동인지 『내 마음 빈 자리에』 외 다수

누에

박 찬 구

고향집 감나무에 노을 한 쪽 걸릴 때면
석 잠 잔 하얀 누에 뽕잎 먹는 그 소리가
오늘도 귀 울음 되어 설핏하게 흘러라.

- 아호 : 素石, 1995년 〈시조생활〉지 등단
- 한국문인협회, 국제펜클럽한국본부, 한국시조시인협회 회원
- 전통문화협의회 회장, 세계전통시인협회 상임고문,
  (사)한국시조협회 자문위원, 〈시조생활〉지 편집위원
- 수상 : 시천시조문학상
- 시조집 : 『귀거래사』, 『해송의 꿈』

미역국

박 헌 수

하늘의 점지라며 열 달을 고이 지켜
첫울음 울리시려 그 아픔 견디신 날
이 날에 미역국일랑 어무이가 드이소.

- 〈시조생활〉 신인문학상 수상
- 세계정협시협회 회원
- (사)한국시조협회 행사국장
- 중등 교감, 장학사(서울시 교육청)

도라지 꽃

박 헌 오

때 절은 망태기에 산도라지 소녀의 꿈
나폴 나폴 헤진 적삼 쓰디쓴 몸뚱아리
할머니 호미 끝 청춘 곱사등에 피었다.

- 1987 충청일보 신춘문예 및 시조문학으로 등단
- 한국시조협회 부이사장, 대전문인협회 부회장, 대전문학관 자문위원.
- 수상 : 충남시인협회상 본상, 하이트진로문학상 대상 시조사랑 작품상, 대전문학상 등.
- 저서 : 시조집 『뼛속으로 내리는 눈』 등 5권

홍시

성 낙 수

야성과 지성의 맛 풋풋한 푸른 땡감
고해(苦海)의 바다에서 곰삭힌 저 홍시는
하늘 길 노숙자들의 허기 채우는 주먹 밥.

- 시조문학등단
- 한국시조시인협회 중앙위원
- 한국문인협회 남북문학교류위원회 문학통일부장
- 여주문학회.예총 여주지회 이사
- (사)한국시조협회 이사

창작의 힘

송 귀 영

눈감고 조우하던 비릿한 메스꺼움
서정의 느끼함도 손끝으로 더듬다가
야무진 한줄기 갈망 여운으로 다진다.

- 중앙일보 시조, 국제신문 시, 부문 당선 현대문학 登林
  『호수의 그림자』, 『정동진연가』, 『뿌리의 근성』 외 시조집 12집
- 평설집 : 『한국대표 시문학 25인 선』 등
- 월하시조 문학 작품집상, 현대시선 금상, 월하시조 문학상
  한국시조사랑 문학상, 한국시조 문학상, 대은시조 문학상.
- 문인협회 정화위원, 시조진흥회 고문, 한국 시조문학 부회장
  한국시조협회 부이사장, 한맥 문학가협회고문, 한국서정문협 회장.

운필(韻筆)

신 계 전

마음의 깊은 경지 붓끝으로 휘몰아서
드높은 예도의 향 허공속에 뿌려놓고
너르디 너른 숨결은 꿈길인 듯 하누나.

- 한국 문예학술 저작권 협회, 한국 팔도 시협 사무국장 역임
- 영남여성 문학회 수석 부회장, 한국 문협 숲 문화 개발 위원
- (사)한국시조협회 회원
- 노천명 문학상, 농촌 문학상, 한맥문학상
  한국문학신문 문학상, 한국세계문학상 수상
- 시집 : 『네가 우는 이 순간만은 』, 『이세상은』
  『시련의 햇살』, 『금강산 가는 옛길』

어머니 35

신 웅 순

늦가을 잎새 하나 천년으로 지고 있다
물빛도 스쳐가고 불빛도 스쳐가고
불이문 끊어진 길을 초승달이 가고 있다.

- 시조 관련 학술 논문 50여편
- 학술서 : 『한국시조창작원리론』 외 15권
- 교양서 : 『시조로 보는 우리문화』 외 3권
- 시조집 : 『누군가를 사랑하면 일생 섬이 된다』 외
- 평론집, 동화집, 수상록 등 10권의 창작집이 있다.
- (사)한국시조협회 회원, 평론가 · 서예가, 중부대 교수.

보이스 피싱(voice phishing)

안 용 덕

사천사백 사십 만원 '대포'로 쏴 드렸다
진짜 같은 그 목소리 홀딱 반해 낚인 날
은밀히 들리는 음성 "지금 넌 진짜인가?"

- (사)한국시조협회 회원
- 2014. 5 어린이동시조집 『내 동생이 드디어 검은 콩을 먹었다』를 '동시조를 사랑하는 선생님 모임 글꽃지'와 함께 엮음
- 2014. 6 첫 개인 동시조집, 『펑펑펑, 봄이 피었습니다.』 상재

은장도, 길을 열다

안 해 나

속내 깊이 품은 연정 애를 달친 여심인가,
섬세하고 아름답고 뜨거운 진실만을
끝까지 지켜가라는 감추어진 비수다.

- 필명: 안 해나, 본명: 안 순애
- 시조문학 작가상 수상
- 감로문학 편집국장역임, 시조문학 간사역임
- 시조문학 문우회 회원
- 열린시조학회 이사
- (사)한국시조협회 편집부국장

직선이 가는 길

양 상 군

삼각 걸음 리듬속에 향 냄새 길을 내고
먹물 번진 하얀 치마 나부끼는 그림자에
예리한 운필의 파임 날카롭게 삐치다.

- 동남보건대학교 외래강사 14년 연임
- 보건복지부장관상 4회 수상
- 한국문인협회 회원, (사) 한국시조협회 감사, 뿌리문우회 회장 역임

복수초(福壽草)

우 성 훈

땅속 가득 퍼져 가는 뜨거운 너의 숨결
온몸 살라 눈 녹이고 쫑긋 솟은 노란 등불
봄 아씨 오시는 길목 밤을 새워 밝히네.

- 호 : 효산(曉山)
- 문학세계 시조부문 등단
- 한국작가 자유시부문 등단
- (사)한국시조시인협회 회원
- 여강시가회 이사
- (사)한국시조협회 부이사장

이름 모를 풀꽃이

원 수 연

높은 산 깊은 계곡 이름 모를 풀꽃들이
적막을 밀고 나와 서러움을 쓸어 낸다
빈 가슴 넉넉한 품에 행복을 담아야지.

- 1978 시조문학 천료
- 한국문협, (사)한국시조협회 회원
- 강원문학이사, 강원시조, 원주문협 고문
- 수상 : 강원문학, 황상문학상, 시조사랑 문학대상 외
- 시조집 : 「치악골 물소리 외 5편」

낮달

원 용 우

무엇이 급하신지 뒤돌아보지 않고
떠나신 어머니가 가슴 답답 하셨나
구름문 열어젖히고 얼굴 잠깐 내미셨네.

- 1975년 월간문학 신인상 등단
- 여주문화원 상임고문, 여강시가회 상임고문, 여주문인협회
  광진문인협회, 여주예총, 경기도문인협회, 한국작가회 부회장
  한국시조협회, 담쟁이문학회 고문, 한국문인협회 자문위원
  한국시조시인협회 자문위원, 묵사 류주현 문학상 심사위원장
- 한국교원대 명예교수

내 겨울

유 만 근

동치미 하나로도 내 겨울은 풍성하다
수락산 눈 덮이면 하얀 달이 고와라
고렷적 하늘을 이고 들길 혼자 걷는다.

- 호 : 閒沙, ≪時調生活≫로 등단
- 세계전통시인협회 세계본부 사무총장, 한국본부 수석부회장
- 時調生活사 시조발전 공로대상(2014), 세계전통시인협회 시조 영어번역 공로패(2016), (사)한국시조협회 회원
- 전 성균관대 영문과 음성학 교수, 현 명예교수
- 국제음성학회 평생회원, 전 대한음성학회 회장

고 목

유 상 용

아픔을 다 끝내고 긴 잠에 들었는가
건들면 다시 깨어 한 마디 할 듯한대
어딘가 빈 손으로 떠난 마른 눈물 거두오.

- 서라벌 예술대학 문예 창작과 졸
- 중앙대 예술대학원 문학예술학과 수료
- 중앙일보 시조 백일장 장원 2번
- 1991년 계간(현대시조) 등단
- 중앙대 문학상, 방촌 황희 정승상, 장성 문학상, 동백 문학상.
- (사)한국시조협회 이사

상(像)

유 성 규

조선의 항아리엔 아리랑이 돌고 있다
마시면 어깨춤이 동산에는 둥근 달
님이여 낮은 가락을 보태려고 오시는가.

- 이승만대통령 주도 대한민국공화국 수립 경축 정부주최 전국시조백일장 장원(대통령제정 주제―憂國願年豊)(1958년)
- 한국시조시인협회 창립주도, 초대 총무이사(1964년)
- 시조생활사 창립, 〈시조생활〉지 발행인(1989년)
- 전민족시조생활화운동본부, 한국아동시조시인협회 창립 초대회장, 세계전통시인협회 창립 초대회장(2013년)
- (현)국제펜클럽한국본부 자문위원, (사)한국시조협회 자문위원

산사(山寺)에서

유 준 호

흰 구름은 하늘 높이 탱화로 걸려 있고
바람은 청을 놓아 다라니 외우는데
골물은 소복을 한 채 왜 저리도 흐느낄까.

- 호 : 청사(靑沙), 시조문학 3회천료(1971년).
- 한국시조문학작가협회 부회장
- 가람문학회장, 대전시조시인협회 부회장 등 역임.
- 현) 국제펜 한국본부 회원, 대전시조시인협회 고문,
  가람문학회 고문, 한국시조시인협회원, 한국시조협회 회원
- 한국시조작가협회장상, 세계문학상(시조)대상, 대전펜문학상 등
- 시집 : 「바람 한 필」, 「사월 꽃나무들」 외 5권

매듭 풀기

이 광 녕

슬픔의 멍울 펴서 햇살 한 줌 이겨 넣고
미운 털 쏙쏙 뽑아 몸 낮춰 으깨 보니
엉겅퀴 우거진 골에 웃음꽃도 피더라.

- 호 : 효봉
- (사)한국시조협회 명예이사장, 강동예술인총연합회 총회장
- 한국가곡작사가협회 명예회장, 세종문학회 고문,
  강동문인협회 고문, 월하시조문학회 고문 등
- 시조집 : 『하늘다리 건너다』 외 다수.
- 시조이론서 : 『현대시조의 창작기법』,
  『현대시조 창작』 모범교본 외 논문 다수

백담사

이 근 구

한 세월 성쇠 가람 백담으로 무심한데
진방(塵房)의 권력무상 만해는 돌로 웃고
풍경 끝 맴도는 화두 설악 같이 살라 하네.

- 월간 모던포엠, 강원시조시인협회 고문
- 사)한국시조협회 부이사장, 한국문인협회 상벌위원
- 수상 : 한국시조문학상, 역동시조문학상 외
- 저서 : 시조집 『들꽃 동행』 외

난, 새 촉이 돋다

이 기 선

화분에서 돌멩이 하나 토옥! 떨어진다
일필로 그어 올린 난초의 잎새 끝이
산통에 가늘게 떤다 화분 하나 사야겠다.

- '시조생활' 등단
- 세계전통시인협회 작품상 수상
- 정치학 박사
- (사)한국시조협회 이사
- 시조집 : 『파리, 날아가다』,
          『불꽃놀이가 끝난 뒤』

별

이 미 숙

사념의 끝을 잡고 잠 못 드는 여름 밤
만리 밖 가슴 별에 속살대는 은빛 물결
어머니 옥양목 적삼에 여울져 피던 들꽃.

- 호 : 태금
- 시조문학 등단
- 제 2회 대은시조문학 본상 수상, 시조문학 작품상 수상
- 시조문학문우회, (사)한국시조협회, 여강시가회 회원
- (사)대한시조협회광진구지회, 광진문화원 시조창 지도 사범

저녁 노을

이 미 숙

그 무슨 기다림에 타는가 싶더니
아슴아슴 바닷길 불그름히 열어놓고
섧게도 그리운 얼굴 해거름에 새겼다.

- 호 : 예지
- 경기대학교 국어국문학과 졸업
- 〈時調生活〉 제26회 신인상 등단
- 세계전통시인협회 한국본부회원
- (사)한국시조협회 이사, 열린시학회 회원
- 저서 : 『꿈꾸는 이를 위한 삽화』

금잔
- 두메양귀비

이 상 범

천년 전 빛난 문화 흙의 잠을 털어낸다
칠흑 속 일그러진 금빛 때깔 다시 찾아
황금의 잔을 돌리던 그 얼굴을 헤아린다.

- 1935년생, 시조문학 천료(1963년도)
- 신인예술상 수석상(1964년도)
- 조선일보 신춘문예 당선(1965년도) 문단 등단
- 한국 문학상, 중앙시조대상, 육당문학상, 가람시조문학상 이호우문학상, 고산문학상 등수상
- 시집 : 『별』, 『신전의 가을』, 『풀꽃 시경(詩經)』, 『한국대표명시선 화엄벌판 이상범』 등 21권 출간
- 한국시조시인협회 회장, 한국문인협회 시조분과회장 등 역임.

가을 빛

이 석 규

하늘이 깊어지니 개울물도 여물었네
문명 속을 노닐 때엔 과향(果香) 한 줌 뿌려주자
사색이 노을로 타는 저 깊은 진실의 강.

- 시조시인, 문학박사, 가천대 명예교수
- (사)한국시조협회 이사장
- 세계전통시인협회 상임고문
- 전) 가천대학교 인문대학장, 대학원장, 석좌교수
- 시조집 : 『아날로그의 오월』
- 저서 : 『언어의 예술』 외 10 여 권

자연의 순리

이 성 미

꽃잎이 진자리에 파릇한 잎새들이
푸릇푸릇 가지마다 앞다투어 돋아나고
실록의 능선길 따라 하늘 띠를 펴고 있다.

- 호 : 雲海
- 남양주시인협회 회장
- (사)한국시조협회 회원
- 국제펜 한국본부 회원, 한국문인협회 회원
- (사)한국 국보문인협회 부이사장
- (사)경기시인협회 이사

풍경

이 일 숙

마당에서 하늘로 쏘아올린 바지랑대
알맞은 바람 햇빛 한껏 품은 시래기
감나무 늙은 가지 끝엔 새 한 마리 졸고 있고.

• 〈시조생활〉 등단
• (사)한국시조협회 회원
• 현석주 아동문학상 수상
• 동시조집 : 『짝 바꾸는 날』 출간

동지

이 일 향

바람벽 등에 지고 돌아 눕는 밤이 길다.
문풍지 우는 창에 달빛만 혼자 떨고
잡아도 자꾸 달아나는 꿈길이 아득해라.

* 1930년 대구 출생
* 1979년 정완영 선생에게 시조 수학
* 국제펜클럽한국본부 고문
* 한국문인협회, 여성문학인회 자문위원
* 1983년 첫 시조집 『아가(雅歌)』 외 다수
* 윤동주 문학상, 노산문학상, 펜문학상 외 다수

봄비

이 정 자

저리도 부드럽게 조심스레 세필 세워
촉촉이 스며들어 여백을 채우면서
대지에 풍경 그리는 조물주의 초록꿈.

- 호 : 자헌, 문학박사
- 한국문인협회 회원, 국제펜, 이대동창문인회 이사
- 한국시조시인협회, 한국시조협회 자문위원
- (사)한국시조문학진흥회 이사장 역임, 상임고문
- 「기차여행」, 「시조의 향기」, 「내 안의 섬」, 「아버지의 산」 외 시조집
- 논저 : [현대시조, 정격으로의 길]
  [한 수의 시조에 역사가 살아있다] 외 17권

된장국

이 태 희

그 옛날 어머니가 질그릇에 끓인 된장
풋고추 송송 썰고 갖은 양념 조림 손끝
생각이 더 깊어지자 그리워진 어머님.

- 2001 한맥문학 수필 등단 및 2004년~2011;
  세월 가는 소리 등 수필집 5권, 상재
- 2008 한맥문학 시조 등단, 및 2011년
- 시조집 : 석양의 햇살을 받으며, 상재
- 문협 대외협력위원 및 펜 이사, (사)한국시조협회 회원
- 녹조근정훈장등 대통령 표창 3회 및 문학상 대상, 본상 등다수

첫눈

이 헌

숨죽여 꼿발* 딛고 살금살금 별밭 건너
창틀에 내려앉은 순백의 깃털들이
야무진 꿈 하나 물고 처녀비행 마쳤다.

* 꼿발 : 까치발의 전라도 방언

- 한국문인협회, 관악문인협회 회원
- 한국시조협회 회원
- 한국작가동인회 회원
- 시조집 : 『바람의 길을 가다』

고드름

이 흥 우

애린 맘 곱게 접은 처마 끝 물구나무
문풍지 떨림 굳어 뼈 삭힌 눈물이다
섬돌에 목탁을 치며 인연의 정 새긴다.

- 호 : 들샘(野井), 충남 부여 출생
- 〈시조문학〉 2001봄호 등단
- 한국문인협회 부여지부장, (사)한국시조협회 회원
- 시조집 : 『봄비 너는 꽃 엽서』, 『천년달빛이 흐르는 강』
  『내 사랑도 거미줄을 치고 싶다』
  『노을빛 하늘은 구름이 있기에 아름답다』

매화 2

임 병 웅

설한풍 매서워도 향기를 팔지 않고
청아한 네 가슴에 달빛도 쉬어 가니
세한(歲寒)의 올곧은 지조 너 만한 이 또 있겠나.

- 호 : 송향(松鄕)
- 시조문학 신인상, 제2회 수안보온천시조문학상 대상 한국시조협회 문학상 작품상
- 시조문학 문우회 감사, (사) 시조문학진흥회 부이사장
- (사) 한국시조협회 부이사장, 충주시조문학회 회장
- 저서 : 시조집 『솟대하나 세울까』

금낭화

임 종 찬

금낭화 꽃 주머니 그대 얼굴 담으련다
한 가득 담기거든 씨로 익혀 묻을란다
내 봄에 그대 얼굴이 금낭화로 필거야.

- 경남 산청 출생
- 부산대 교수
- 1966부산일보 신춘문예
- 한국시조학회 회장
- 저서 : 『시조 문학의 본질』, 『시조원론』 등 다수.
- 시조집 : 『청산곡(靑山曲)』

불면의 밤에

장 순 하

하나 둘 수를 세다 이몽가몽 할 무렵에
목에 걸린 숫자 있어 허옇게 지새우다
철새가 훌쩍 떠나듯 그렇게 간 네 나이.

- 호 : 사봉, 정읍 출생(1928)
- 〈현대문학〉으로 등단(1957)
- 한국문인협회 고문
- 중앙시조대상 외 다수
- 신춘문예심사 (조선,동아,한국,부산일보)
- 시조집 : 『백색부』 외 다수

연가 12

전 규 태

어둠의 길을 좇아 삼경에 머무르면
호롱불 조요 밝혀 읽어보는 그 사연
밤눈이 송이로 쌓이면 다가오는 그 숨결.

- 호 : 한뫼, 동아일보 신춘문예 등단
- 문예지 〈문학과의식〉 창간
- 연세대 교수, 하버드대 옌친학사 교수
  컬럼비아대 교환교수, 호주국립대 정교수 역임.
- 한국문학평론가협회상, PEN문학상 등
- 시집:『석류』외 • 시조화집:『지지 않는 꽃은 꽃이 아니다』

엄마품

전 선 경

아기를 안아주니 품안에 쉬잠드네
평온한 바다속에 쪽배가 요람되어
심장의 파도소리에 두리둥실 떠도네.

- 호 : 해향(海香)
- 제4회 문학일보 신춘문예 시조부문 당선
- 제8회 기독교문예 시부문 신인작품상
- 제16회 월간 《창조문예》 동시부문 신인작품상
- 사)한국시조협회 회원
- 한국문인협회 회원

무궁화

정 유 지

바람이 불 지필 때 물결 속 번진 별빛
삼천 개 연등 밝혀 혼불 실어 우는 걸까
희디 흰 나비떼 따라 또 한 생이 꽃핀 너.

- 충북 충주 출생. 문학박사. 시인. 시조시인. 문학평론가
- 제63회 『월간문학』으로 등단('91)
- 세계문학상, 허균문학상, 충북문학상 수상
- 월간 『문학세계』 편집주간 역임, 현재 계간 『시세계』 편집주간
- 시조집: 『꽃과 언어』 등 4권, • 평론집: 『안개가 있는 풍경』
- 국제펜클럽 한국본부 회원, 충북아동문학회 부회장
  한국시조문학진흥회 이사장, 세계문인협회 부이사장

벚꽃 만개(滿開)

정 진 상

눈바람 몰아치는 겨우내 꽁꽁 얼어
응어리진 속마음이 봄기운 기다리다
마침내 '뻥' 하고 터진 삼일운동 저 함성.

- 《한맥문학》 시조 등단, 《한국 국보문학》 시 등단
- 한국시조시인협회 회원, 한국 문인협회 회원,
  한국시조협회 부이사장, 여강시가회 부회장
  시조문학 문우회 부회장, 한국시조문학진흥회 회원
- 시조문학 작가상, 한국시조협회 문학상, 의사문예전 최우수작품상
  한국시조문학진흥회 시조문학상 본상, 오늘의 좋은 작품집상(2016)
- 시조집: 『청진기에 매달린 붓』, 『몽당붓 세우다』 외 공저 다수

아침 이슬

조 영 희

설익은 시간 벗겨 퉁퉁 불은 밤을 비켜
피다만 풀잎들의 말 못한 입속말이
어젯밤 진통을 앓고 유리알을 낳았다.

- 호 : 여월정 (餘月亭)
- (사)한국문인협회. (사)한국시조시인협회
- 세종문학회 고문, 강동예술인총연합회 부회장
- 강동문인협회 부회장, (사)한국시조협회 편집국장
- 제18회 선사문학상, 대은문학상 대상
  시조협회 작품상 수상 外
- 시조집:『시간의 사슬』• 시집:『허공에도 길이 있다』外

등대

진 길 자

비릿한 갯바람이 코끝을 스치는 밤
뜬 눈으로 밤을 새도 매듭을 풀지 못해
파도는 멍이 들도록 방파제를 치고 있다.

- 펜문학 한국본부회원
- 한국문인협회 강남지부 부회장
- 세계전통시인협회 이사, 여성문학회 이사
- (사)한국시조협회 이사, 여성시조문학회 이사
- 저서 : 『바람은 길을 안다』, 『쉬어가렴 사람아』
- 수상 : 서울 문예상, 한국시조 문학상

독서는 즐거워

채 윤 병

읽으면 읽을수록 구름꽃 피어나듯
무한한 열이 솟아 피가 되고 살이 되어
참다운 인생 꽃송이 활짝 피워 놓는 다오.

- 호 : 春軒, 동백문학 시조 및 동시조 신인상
- 한국문인협회 회원, 한중 및 아시아작가협회 이사
- (사)한국시조협회 자문위원
- 동백문학상, 세종문학상, 한국문학상, 국제문학상(6개국) 외 다수.
- 『섬강별곡』,『섬강일기』 10권, 『웃으면 복이 와요』 한중영판, 『손문정신을 기리며』 한중영판 세계각국에 배부

자이브(Jive)

채 현 병

경쾌한 스텝따라 톡톡톡 튕기는 맛
현란한 춤사위에 착착착 감기는 맛
축제가 아니라 해도 빠져들고 싶어라.

* Jive : 재즈음악에 맞추어 추는 격렬하고 화려한 춤

- 호 : 海月, 〈시조와 비평〉 등단
- 원주문협, 강원시조협, 시조문학문우회,
  (사)한국시조시인협회, (사)한국시조협회 사무총장
- 수상 : 제27회 동백예술문화상(문학부문)
- 제1회 하운문학상(시조부문)
- 제12회 한국문학신문 기성문인문학상(시조부문 대상)

바늘

천 옥 희

귀 하나 열어두고 마음을 듣는 게야
그리움 수(繡)를 놓고 상처도 꿰매 주고
야위고 뾰족한 입술 그리 홍익(弘益) 하다니.

• 계간 '시조생활' 신인상 등단(2001)
• 한국문인협회, 세계전통시인협회
• (사)한국시조협회 이사, 서초문인협회 이사
• 시조집 : 『오늘 당신을 만났어요』
　　　　　『강둑에서 쓴 편지』

옷이 자랐다

최 순 향

구순의 오라버니 옷이 자꾸 자랐다
기장도 길어지고 품도 점점 헐렁하고
마침내 옷 속에 숨으셨다 살구꽃이 곱던 날에.

- 세계전통시인협회 한국본부 부회장
- 계간 『시조생활』 주간 겸 발행인 대행
- 국제PEN한국본부 · 한국문인협회 이사, (사)한국시조협회 이사
- 시천시조문학상 · 한국문협작가상
  PEN송운현원영시조문학상 수상
- 시조집 : 『긴힛돈그 츠리잇가』, 『옷이 자랐다』 외

목련

최 은 희

새하얀 너울 쓰고 길가로 나온 여인
바람 불면 꺼질세라 청사초롱 받쳐 들고
누구를 기다리기에 어둔 골목 밝히시나.

- 〈한국문인〉 신인상
- 〈시조시학〉 신인상
- (사)한국시조협회 문학상 본상 수상
- 한국문인협회 회원
- 경기시조시인협회 부회장
- (사)한국시조협회 총무국장

술잔

한 승 욱

생각이 깊을 때면 넘치는 술판으로
그 속에 마음 담아 꽃빛처럼 트일 때에
고향의 걸쭉한 사투리 들이켜고 있습니다.

- '서울문학' 발행인
- 국제펜 한국본부 회원
- 한국문인협회 윤리위원, 저작권심의위원, 권익옹호위원 역임
- 한국시조시인협회 상임이사 역임
- (사)한국시조협회 자문위원

하늘 길

한 재 희

태초에 길을 열어 하늘로 이어지고
포암산 울력으로 베를 짜 펼쳐놓은
영롱한 역사의 울림 백두대간 하늘재.

- 호 : 松亭, 시조문학 등단
- (사) 한국시조협회 시조학연구소 부소장
- (사) 한국시조문학진흥회 자문위원
- 충주시조문학회 부회장
- 수안보온천 시조문학상 / 대상
- 시조집 : 『풀꽃이 아름다운 것은』

흘러라 지구 은하수

현 원 영

하늘의 은하수는 남북으로 흐르는데
휴전선은 말이 없고 철마는 가자 울고
은하수 지구에도 흐르렴 남북 우리 오가게.

- 서울대 사범대학 졸업
- Villa Maria 대학, Butler 대학, Washington 대학 졸업, 철학박사
- Marin 대학 교수 역임, 2014. 서울여대 명예박사학위
- 국제펜클럽한국본부, 미주한국문인협회 회원,
- 세계전통시인협회 한국본부장
- 시조집 : 『타는 노을 옆에서』, 『낙랑하늘 그리며』
- 영역 시조집 : 『길 없는 길에서』, 『소나무생각』

종이꽃

홍 오 선

한번 접은 그 마음 피면 지지 말아라
사랑도 헛꽃이라고 배시시 웃는 너를
밤새워 접었다 폈다 한 번 더 눈 흘기다.

- 1985년 월간문학으로 등단
- 시조집 : 『냉이꽃 안부』, 『날마다 e—mail을』 등 9권.
- 동시조집 : 『아가랑 할머니랑』
- 이영도 시조문학상, 한국시조시인협회상 수상.
  아동문예 동시조문학상 수상

작품 해설과 분석

- 고 시 조
- 현대시조(1)

고시조 작품 해설과 분석

김 흥 열
(시조시인)

①
춘산에 눈 녹인 바람 건듯 불고 간 데 없다
잠깐 빌어다가 불리고자 머리위에
귀 밑에 해묵은 서리를 녹여 볼까 하노라
- 우탁 -

우탁(禹倬 1263년~1342)은 고려 말 정주학 수용 초기의 유학자로 본관은 단양이고, 세상은 그를 역동(易東)선생이라 불렀다. 문과 급제 후 영해사록(寧海司錄)이 되어 요신(妖神)을 모시는 사당을 철폐하고 민폐를 줄이도록 하였다. 그는 합리적인 사고를 가진 학자로서 원나라를 통해 들어온 정주학 서적을 처음으로 해독하여 후진 양성에 힘쓴 학자이다.

위 작품은 인생의 허무함을 극복하고자 하는 긍정적 바람을 가지고 있다. 수사법을 보면 은유법을 잘 활용하고 있다. 문장 구성에 있어서도 각 장 전구 후구가 의미단위로 짜여 있고 조사나 연결어미 등을 잘 활용하여 문장이 막힘이 없다. 초장 중장 종장이 모두 종결어미로 마감을 하여 별개의 독립된 문장처럼 보이지만 접속어 (그래서)라는 말을 중장과 종장 첫마디에 넣고 읽어보면 연결성이 잘 유지되고 있음을 알 수 있다. 춘산에 잔설이 녹는 모습을 흰 머리카락과 연관 지어 형상화한 화자의 시적 감각이 뛰어나다.

화자가 무엇을 말하고자 하는 주제도 분명하고 독자에게 던지는 메시지도 확실한 작품이다. 특히 종장 후구에서 "녹여 볼까 하노라"라는 표현은 늙어가는 인생의 허무를 탓하기 보다는 녹여서 다시 젊어지고 싶다는 강한 의지를 드러낸 희망적 마감으로 화자의 결의를 잘 나타내고 있다. 우리도 이처럼 슬픔을 희망으로 승화시키는 작품을 써서 독자에게 희망을 주는 긍정적 사고를 갖도록 하는 시조를 지어야 할 것이다.

②
백설이 잦아진 골에 구름이 머흐레라
반가운 매화는 어느 곳에 피었는고
석양에 홀로 서 있어 갈 곳 몰라 하노라

- 이색 -

이색(李穡 1328~1396)은, 본관이 한산 호는 목은(牧隱)이다. 1348년 원나라에 가서 성리학을 연구하고 돌아와 명륜당에서 학문을 강론하였다. 그는 〈인간 중심〉의 사고를 지닌 학자로 조선 개국 후 태조가 불렀으나 망국의 사대부는 오로지 해골을 고산(故山)에 묻을 뿐이라며 사양하였다. 그 문하에

권근, 김종직, 변계량, 정도전 등 걸출한 인물들이 배출되어 나라를 다스리는 큰 역할을 하기도 했다. 14세에 과거에 합격한 후 벼슬을 두루 거치면서 문하시중까지 오른 대 학자이다.

위 작품은 은유와 풍유가 뛰어난 작품이다. "백설"은 고려 유신을, "잦아지다"는 얼마 남지 않다, 또는 그 존재나 세력이 미미하다는 의미를, "구름"은 신흥세력을, 즉 역성혁명을 일으킨 이성계 일당을, "머흐레라"는 끼다, 즉 많이 "모여있다."라는 뜻이며 "매화"는 우국지사를, "석양"은 망해가는 고려를 표현한 것으로 은유의 극치라 할 만하다. 한 역사의 전환기에서 망해가는 고려를 보는 학자요, 충신인 그의 안타까운 심정과 고뇌하는 모습이 보이는 작품이다.

중장에서 "반가운 매화는 어느 곳에 피었느냐"고 묻고 있지만 찾을 길이 없다는 자조 섞인 한탄이다. 이 시조는 종장에서 화자의 결의 보다는 심적 갈등을 나타내고 있는 것처럼 보이지만 실은 그 반대이다. "갈 곳 몰라"하는 것은 화자의 이로움을 추구하기 위해 갈등하는 것이 아니라 매화가 어느 곳에 피었는지 몰라 망설이는 것이다. 그 매화는 반가운 매화이기 때문이다. 즉 자기와 뜻을 함께 해 줄 고려의 충신들이 어디에 머물고 있는지 몰라 애태우는 심정이다. 문장의 구성을 보면 각장은 종결어미로 마감하였으나, 중장과 종장 첫마디에(그런데), (그래서)라는 접속어를 넣어보면 너무나 연결이 잘되는 수사법을 택하고 있음을 알 수 있다. 이 작품은 상징성이 뛰어난 작품이다.

③
   흥망이 유수하니 만월대도 추초로다
   오백 년 왕업이 목적에 붙였으니
   석양에 지나는 객이 눈물겨워 하노라
                        - 원천석 -

  원천석(元天錫 1330~?)은 고려 말 초선 초의 학자로 두문동 72현 중 한 사람이다. 본관은 원주이고 호는 운곡(耘谷)이다. 고려가 망하게 되자 고향인 원주로 내려가 농사를 지으며 이색 등과 교류하며 살았다. 태종이 왕자였을 때 글을 가르친 적이 있어 후에 태종이 왕이 된 후에 스승인 그를 여러 번 찾았으나 응하지 않았다.

  위 작품은 고려가 망한 모습을 보고 그 안타까운 심정을 표현한 시조로 은유법, 중의법, 상징법등이 잘 활용되고 있다. "만월대"는 고려왕이 활을 쏘던 궁터로 역시 고려를 상징적으로 나타내고 있으며, "추초"는 가을 풀이라는 사물을 끌어들여 황폐해진 나라, 망해가는 나라를 나타내고, "오백 년 왕업"은 고려 왕조를, "목적"은 피리소리이니 흘러간 옛 노래처럼 허무함, 또는 무상함을, "석양" 역시 기울어진 고려를, "객"은 화자 자신을 암시하고 있다.
  이 작품은 초장에서 시각적 이미지를, 중장에서 청각적 이미지를 잘 나타내고 있으며 종장에서는 화자 자신의 자아를

관조하고 있다. 문장 구성에 있어서도 각 장 전구 후구가 일정한 의미단위로 짜여 있고 문장의 연결성도 막힘이 없다.

　이 작품은 종장에서 화자의 결의를 발견하기가 어려운 작품이다. 만월대도 추초이고 왕업은 목적에 붙여 있을망정 화자는 자신의 눈물이나마 거기에 뿌려 다시 살려 내고 싶다는 강한 의지가 엿보인다고는 할 수는 없다. 즉 반전을 일으키지 못하고 있다. 다시 말해 "눈물겨운" 슬픔을 "기쁨 또는 희망"으로 승화시키지 못하는 아쉬움이 있기는 하지만 몰락한 충신의 서글픔과 세상사의 허황됨을 느끼게 만드는 회고가로 대단히 훌륭한 작품이다.

　특히 종장의 "석양"은 중의법으로 "해가 질 무렵", "고려 왕조가 몰락해가는 시기" 등 독자에 따라 해석을 달리 할 수 있도록 짜인 시조이다.

고시조 작품 해설과 분석

구 충 회
(시조시인)

①
이 몸이 죽어 죽어 일백 번 고쳐 죽어
백골이 진토되어 넋이라도 있고 없고
임 향한 일편단심이야 가실 줄이 있으랴.

– 정몽주 〈고시조대전〉 –

정몽주(鄭夢周, 1337~1392) 본관은 영일(迎日). 출생지는 영천(永川). 초명은 몽란(夢蘭) 또는 몽룡(夢龍), 자는 달가(達可), 호는 포은(圃隱)이다. 고려왕조는 물론, 조선왕조 전 기간 동안 '충절의 표상'이요, '동방(東方) 성리학(性理學)의 조종(祖宗)'으로 추종되었다. 그는 고려 개혁을 주장했지만, 조선왕조의 개국에는 반대하여 이방원에게 살해당했다. 끝까지 고려왕에 대한 절개를 지켜 충신으로 기억되고 있다. 불교가 아닌 성리학을 기반으로 나라의 기틀을 바로 세우고자 하였으며, 특히 명·일본과의 관계에서 뛰어난 외교술을 선보여 나라에 이익을 가져왔다. 새 왕조를 세우려는 세력을 제거하려 하였으나, 그 계획이 발각되어 역으로 이방원에 의해 선죽교에서 살해되었다. 이 〈단심가(丹心歌)〉는 그의 충절을 대변하는 작품으로 후세에까지 많이 회자되고 있다.

포은의 〈단심가〉는 고려말기의 대표적인 시조작품(時調作品)이다. 이 노래는 절박한 상황에서도 묘미 있는 표현을 개척함으로써 고려 말 새로운 갈래로 등장한 시조가 정착되는 데 상당한 기여를 하였다. 초장에서는 '죽음'이라는 극한상황을 반복적으로 표현으로써 뒤에 올 말에 대한 부정을 강조한 다음, 중장에서는 극한상황을 한 단계 더 높여서 백골이나 넋마저도 흔적 없이 완전한 무(無)로 돌아간 상태를 가정하였다. 종장에서는 이러한 무의 지경에 이르러서도 고려 임금에 대한 충성심만은 변할 수 없다는 지절(志節)의 절대 경지를 표출했다. 그는 고려왕조가 망하기 직전 이방원이 초청한 자리에 가서 〈하여가〉에 대한 화답으로 이 〈단심가〉를 부름으로써 두 왕조를 섬길 수 없다는 뜻을 밝혔고, 명분과 지절을 밝혀 순사했다. 이처럼 〈단심가〉는 충절(忠節)을 주제로 한 시가 중 동서고금에 있어 절조(絕調)라 할 만하다. 장엄미와 비장미, 숭고미가 넘치는 지절의 노래라 하겠다.

②
간밤에 울던 여울 슬피 울어 지나거다
이제야 생각하니 임이 울어 보내도다
저 물이 거슬이 흐르고저 나도 울어 예리라

― 원호 〈고시조대전〉 ―

원호(元昊, 생몰연대 미상)는 단종에 대한 절의를 지킨 생육신의 한사람이다. 본관은 원주. 자는 자허(子虛), 호는 관란(觀瀾)·무항(霧巷). 1423년(세종 5) 식년문과에 급제한 뒤, 청관·현직(淸官顯職) 등을 거치고 문종 때 집현전직제학이 되었다. 1453년(단종 1) 계유정난 때 수양대군이 황보인(皇甫仁)·김종서(金宗瑞) 등을 제거하고 권력을 장악하자, 고향인 원주로 돌아가 은거했다. 그 뒤 1456년(세조 2) 성삼문(成三問) 등의 세조 제거 계획이 실패로 돌아가고, 다음해 단종이 영월에 유배되자 영월 서쪽에 관란재(觀瀾齋)를 짓고 조석으로 영월 쪽을 바라보고 눈물을 흘리며 임금을 사모하였다. 단종이 죽자 삼년상을 마친 뒤 고향인 원주에 돌아와 문 밖을 나가지 않았다.

태산준령을 끼고 도도히 흐르는 관동의 유수를 배경으로 슬픔에 지쳐 울음마저 잃어버린 심산의 귀촉도처럼 외롭고 처연한 왕자의 비애를 너무나도 생동감 있게 그려낸 만고의 절조다. 남녀 간의 사랑이 이보다 더 애틋하랴! 참으로 절절한 엘레지다. 초장의 '여울의 울음'이 중장에서는 '임의 울음'으로, 다시 종장에서는 '나의 울음'이 되는 점층적 연상법을 사용하고 있다. 중장의 '임'은 곧 어린 단종을 가리키며, 그 임금을 바라보는 화자의 애달픈 마음이 '여울'에 투영되어 이 작품 전반에 흐르고 있다. '여울물을 거꾸로 흐르게 하고 싶다'는 종장의 표현은 작자의 슬픔이 자연의 순리에 역행하고 싶을 만큼 크다는 것을 의미한다. 이는 단순히 단종의 슬픔에 대한 한 신하로서의 반응에만 머무는 것이 아니라, 시간의 추를 되돌려 놓고 싶은 심정이기도 하거니와 세조의 역천(逆天) 행위를 바로잡고자 하는 역사 복원 의지의 표현이라고도 볼 수 있다. 임금에 대한 신하의 애달픔과 그리움을 담은 연군의 단장곡(斷腸曲)이다.

③
동짓달 기나긴 밤을 한 허리를 베어 내어
춘풍 이불 아래 서리서리 넣었다가
어른님 오신 날 밤이어든 굽이굽이 펴리라
- 황진이 〈고시조대전〉 -

황진이(黃眞伊, 1506년? ~ 1567년?)는 조선 중기의 시인, 기녀, 작가, 서예가, 음악가, 무희이다. 중종·명종 때(16세기 초, 중순경) 활동했던 송도기생으로, 다른 이름은 진랑(眞娘)이고 기명은 명월(明月)로도 알려져 있다. 용모가 절색이고 학문적 지식이 해박하였으며 서사와 시서 음률에 뛰어나 문인·학자·풍류객들과 교유하였다. 당시 생불이라 불리던 지족 선사를 파계시키는가 하면, 호기로 이름을 떨치던 벽계수라는 왕족의 콧대를 꺾어놓기도 하고, 당대 최고의 은둔학자 서경덕을 유혹하려다 실패한 황진이는 그를 스승으로 삼아 학문을 배웠다고 한다. 서경덕, 박연폭포를 자신과 함께 송도 3절이라 했다.

이 시조는 한국 시인 대다수가 최고의 작품으로 손꼽는 절창 중의 절창이다. 임을 기다리는 여인의 절절한 심정을 호소력 있게 형상화한 걸작이다. 초장에는 동짓달 기나긴 밤의 외로운 여심이 '한허리를 베어내어' 속에 깊이 내재되어 있거니와 추상적 개념(밤)을 구체적 사물(한 허리)로 형상화한 표현 기법이 매우 참신하고 생생한 인상을 주어 작품 전체에 신선한 느낌을 불어넣고 있다. 중장의 '서리서리 넣었다가'와 종장의 '구비구비 펴리라'와 같은 언어 활용과 대조적 표현은 우리말의 아름다움을 한껏 살려 낸 표현으로 여성 특유의 섬세한 감각이 돋보인다. '춘풍 이불'이란 봄바람처럼 따스하고 향기롭고 포근한 이불이니, 춘풍과 이불의 결합은 얼마나 절묘한 표현인가. 임이 없는 외로운 시간을 단축시켜 임과 함께 보낼 수 있는 시간을 최대한 연장시키고자 하는 여인의 간절한 심정이 고스란히 깃들여 있는 시조라 하겠다. 전체적으로 창조적 상상력과 시적 미학을 높인 수작이다. 여성 특유의 섬세한 정서를 진솔하게 드러내며, 우리말의 아름다움을 시적 언어로 잘 형상화하였다. 특히 현세적 삶에 대한 애착과 쾌락의 시간을 소중히 여기는 작가의 시 의식은 당대 규범의 틀에 갇혀 자신의 감정을 절제한 사대부의 그것과는 달리 자유롭고 거침없는 감정을 발산하고 있다.

고시조 작품 해설과 분석

이 정 자
(시조시인, 문학박사)

1. 양사언과 태산가(泰山歌), 그리고 어머니

    태산이 높다 하되 하늘 아래 뫼이로다
    오르고 또 오르면 못 오를 리 없건마는
    사람이 제 아니 오르고 뫼만 높다 하더라

'태산가(泰山歌)'는 이방원의 하여가와 정몽주의 단심가에 버금가는 회자된 시조이다. 태산은 중국의 명산인 오악중의 하나이다. 예부터 신령한 산으로 여겨졌으며, 진시황제나 전한 무제, 후한 광무제 등이 천하가 평정되었음을 정식으로 하늘에 알리는 봉선의 의식을 거행한 장소로 도교의 주요 성지 중 하나이기도 하다. 사실 높이로 말하면 우리나라 백두산(2,750m)보다 낮다. 태산은 1545m이다. 산세도 그렇게 뛰어나다고 할 수 없다. 그런데 중국인들이 태산을 숭배하는 이유는 중국 3대 건축물 중에 하나라는 태산 천황전 '대묘' 때문이다. 역대 황제들이 태산을 오르기 전에 이곳에서 먼저 제

사를 드리고 산을 올랐다고 한다. 1987년 유네스코 세계유산으로 등록되기도 했다.

양사언(楊士彦, 1517년~1584년) 은 조선의 문신이며 서예가이다. 자는 응빙(應聘), 호는 봉래(蓬萊)·완구(完邱)·창해(滄海)·해용(海容). 본관은 청주(淸州)이다. 안평대군, 한호, 김정희와 함께 조선 4대[1] 서예가로 불린다. 1546년(명종) 문과에 급제, 대동승(大同丞)을 거쳐 삼등(三登) 현감·평양 군수·강릉 부사·함흥 부윤 등을 역임한 후 회양(淮陽) 군수, 이어서 철원 군수를 지냈다. 회양 군수로 있을 때 금강산에 자주 들어가 대자연을 즐겼고 금강산 만폭동(萬瀑洞)의 바위에는 지금도 그가 새긴 '봉래풍악 원화동천(蓬萊楓嶽元化洞天)'이라는 글귀가 남아 있다.

태산과 관련된 말들이 우리나라엔 참 많다. "태산이 높다 하되 하늘 아래 뫼이로다"는 위 시조의 한 구절 외에도 "걱정이 태산 같다", "갈수록 태산'이라는 표현과 함께 속담 중에는 "티끌모아 태산", "태산을 넘으면 평지를 본다", "태산이 평지 된다.", "보리 고개가 태산보다 높다" 등이 있다. '태산'이라는 이름 자체에서 오는 '크다'는 의미가 강조를 나타내기 위한 것으로 보인다.

이 시는 노력하면 할 수 있다. 곧 꾸준히 노력하면 안 되는 일이 없다는 교훈적인 시조로 만 알려져 왔다. 또 그렇게 배워왔고 그렇게 가르치기도 했다. 그런데 몇 년 전 양사언이 어머니를 그리는 시(詩)라는 해석이 'KBS 역사이야기'에서

---

[1] 이광사 혹은 김구를 양사언 대신 말하는 사람들도 있다.

밝혔다. '율곡과 신사임당', '한석봉과 그의 어머니'는 모르는 이가 없지만, 양사언의 어머니에 대해선 모르는 것이 당연하고 모르기를 그의 어머니 또한 바랐을 것이다. 두 아들의 앞길을 위해 스스로 목숨을 끊은 가장 훌륭하고 장한 분이시다.[2]

2. 홍랑과 이별가 그리고 최경창

묏버들 가려 꺾어 보내노라 님의손대
자시는 창 밖에 심어 두고 보소서
밤비에 새잎 곧 나거든 날인가도 여기소서.

이 시조는 조선 선조 때의 기녀(妓女) 홍랑의 작이다.
홍랑은 함경남도 홍원 출생으로 홍원의 관기(官妓)로 있던 중 당대의 시인이며 조선 전기 삼당시인(三唐詩人:백광훈, 최경창, 이달)의 한 사람인 최경창(崔慶昌)과 만나게 된다. 최경창이 과거 급제 후 함경북도 경성에 평사로 부임하면서 경성으로 향하던 중 홍원에 잠시 머물 때이다. 홍랑을 만나자 둘은 시문에서 정신적 교류를 갖게 되고 이는 사랑으로 발전하게 된다. 홍랑을 만난 최경창의 나이는 34세였다. 최경창이 여러 궁리를 해 홍랑을 경성(함경북도)에 데려가려 하였으나 여의치 않아 혼자 가게 된다. 이에 홍랑은 최경창을 사모하는 마음을 이기지 못하고 남장을 하고 경성으로 향한다. 그리고

---

[2] KBS 역사이야기 '양사언과 그의 어머니' 참조

경성에서 동거를 하게 된다. 이로써 둘의 사랑은 시에 대한 둘의 사랑만큼이나 깊어 갔다.

그러다 최경창은 북평사의 소임을 다하고 한양으로 부임을 받게 된다. 꿈만 같았던 6개월의 사랑이 이별을 맞게 되었다. 이에 홍랑은 쌍성(지금의 영흥)까지 따라가 배웅을 한다. 그때 읊은 시가 바로 위의 시이다. 이별에 대한 아쉬움과 애틋한 그리움을 실은 한 수의 연시이다.

한편 서울로 돌아온 최경창은 병으로 자리에 눕게 되는데 이 소식을 들은 홍랑은 7일 밤낮을 걸어 한양에 도착한다. 이 두 사람의 이야기가 조정에 들어가 최경창은 결국 파직을 당하고 만다. 당시 명종비의 죽음으로 국상기간이었다. 이유야 어찌됐건 국상기간에 기생을 방에 불러들인다는 것은 동·서로 나뉜 당쟁 정치에서 반대붕당에 비난을 받기에 충분한 빌미를 제공한 것이 된다. 그리고 양계(兩堺)의 禁(함경도, 평안도 사람들의 도성출입을 금함)을 어겼다는 죄목으로 홍랑 또한 홍원으로 돌아갈 수밖에 없었다. 이때 최경창이 시로서 홍랑을 위로하며 보낸다. 아래 시이다.

  玉頰雙啼出鳳城(옥협쌍체출봉성)
  曉鶯千囀爲離情(효앵천전위이정)
  羅衫寶馬河關外(나삼보마하관외)
  草色迢迢送獨行(초색초초송독행) - 送別, 최경창 -

  두 줄기 눈물 흘리며 한양을 떠나가니

새벽 꾀꼬리 이별의 정한에 한없이 울고 있고
비단 옷 천리마로 하관 넘어 가는 길
풀빛은 까마득히 외로이 가는 길을 배웅하네.

위의 시를 이해하기 위해서는 홍랑의 시가 인용되어야 하고 이들의 사랑 이야기가 이어져야 시인의 심상을 읽을 수 있다. 이 이별을 마지막으로 둘은 영원히 만나지 못한다. 그것은 최경창(1539~1583)이 변방으로 떠돌다 한양으로 올라오던 중 45세의 나이로 객사하기 때문이다.

한 편 최경창이 죽었다는 소식을 들은 홍랑은 행여 누가 자신을 범할까 스스로 얼굴을 상하게 하고 그의 무덤에서 시묘살이를 시작한다. 세수도 않고 머리도 안 빗으며 조석(朝夕)으로 상식(上食)을 올리며 3년이라는 세월을 보낸다. 그러다 임진왜란이 일어났다. 홍랑은 최경창의 시를 가지고 피난하여 병화를 면하게 한 후 돌아와 최경창의 묘 옆에서 죽었다.

해주 최씨 문중은 그녀를 한 집안 사람으로 여겨 장사를 지내주었다. 그리고 최경창 부부의 합장묘 바로 아래 홍랑의 무덤을 만들어 주었다. 이는 홍랑을 문중의 사람으로 받아들인다는 뜻이다. 바로 홍랑의 사랑이 완고한 양반가문의 마음을 열게 한 것이다.

당대최고의 문장가며 풍류객인 고죽 최경창과 재색을 겸비한 기생 홍랑의 사랑은 오늘날 많은 사람들의 가슴을 적시고 있다.

3. 송강 정철과 훈민가

> 어버이 살아신 제 섬길 일란 다하여라
> 지나간 후면 애닯다 어이하리
> 평생에 고쳐 못할 일이 이뿐인가 하노라.
>
> — 정철 —

위의 시조는 송강 정철이 선조 13년(1580년)에 지은 훈민가((訓民歌) 16수 중 한 수 이다. 송강 정철이 45때에 강원도 관찰사로 부임하여 강원도 지방 도민의 교화를 목적으로 지은 일종의 훈민가로서 중국 송나라 때 진고령(陳古靈)이 백성이 마땅히 지켜야 할 도리를 조목별로 쓴 선거권유문(仙居勸誘文)인 13조목에 군신(君臣). 장유(長幼). 붕우(朋友)의 3조목을 추가하여 각각 한 수씩 읊은 것으로, 유교 윤리를 주제로 한 교훈가이다.

자식은 그 나이만큼 부모의 마음을 안다하니 아직 자식들은 부모의 마음을 모를 것이다. 필자 또한 그 나이엔 부모님 마음을 몰랐고 이제 부모님의 나이를 내가 들어서고 나니 부모님의 마음을 읽을 것 같으니 말해서 무엇하랴. 그래서 '지나간 후면 애닯다 어찌하리/평생에 고쳐 못할 일이 이뿐인가 하노라' 라고 송강도 읊었을 것이다. 나 또한 지금 부모님이 계시다면 너무 좋고 얼마든지 잘 해 드리고 싶다. 젊을 땐 내 아이들과 가정살림에 신경 쓰느라 부모님 챙겨드릴 마음의 여유가 부족했다. 그래서 이제 바로 자욕양이친부대(子欲養而親不待)[3]가 절실하게 다가온다.

---

3) 부모님을 섬기고 싶으나 그 부모님은 기다려주지 않는다. 세상을 떠난다.

송강 정철(松江 鄭澈1536~1593)은 조선 선조(14대) 때의 명신이면서 문인으로서 자는 계함, 호는 송강이며, 시호는 문청이다. 율곡 이이와 동갑나기인 정철은 돈녕부 판관을 지낸 정유침의 아들로서 서울에서 출생하였고, 당대의 명유들이었던 하서 김인후, 고봉 기대승, 면앙정 송순 등에게서 글을 배웠으며, 우리나라 시가사상 고산 윤선도와 쌍벽을 이루는 가사문학의 대가이다. 그가 52세 때 향리인 담양에서 지은 사미인곡과 속미인곡은 조선 선조 임금을 그리워하는 마음을 노래한 것으로 서포 김만중은 서포만필(西浦漫筆)에서, 중국 초(楚)나라의 굴원(屈原)이 지은 이소(離騷)에 비겨, 동방의 이소(離騷)라고 절찬하기도 하였다. 그리고 전라남도 담양군 남면의 경치 좋은 광주호 주변에 있는 식영정과 호남의 명산인 무등산 북서쪽의 원효계곡 자락에 있는 성산(별뫼)의 모습을 연결시켜 노래한 성산별곡은 정극인의 상춘곡, 면앙정 송순의 면앙정가, 정해정의 석촌별곡으로 이어지는 호남 가단의 중요한 맥을 형성하고 있다.

송강 정철은 강원도 관찰사로 있으면서 관동지방의 해금강, 내금강, 외금강 등의 절승지와 관동팔경을 중심으로 한 기행가사인 관동별곡을 짓기도 했다.

송강의 시비(詩碑)는 강원도 원주시 치악예술관 입구에 있다. 송강 사후 담양 창평의 송강서원(松江書院)과 경남 영일의 오천서원(烏川書院) 별사(別祠)에 제향(祭享)되었다. 송강의 묘소는 현재 충북 진천군 문백면 봉죽리에 있고, 충청북도 지방유형문화재 제187호로 지정되어 있다.

고시조 작품 해설과 분석

백 승 수
(시조시인, 문학박사)

오우가

꽃은 무슨 일로 피면서 쉬이 지고
풀은 어이하여 푸르는 듯 누르나니
아마도 변치 않을 손 바위뿐인가 하노라

- 윤선도(1587~1671)

　윤선도의 본관은 해남(海南), 자는 약이(約而), 호는 고산(孤山), 해옹(海翁), 시호는 충헌(忠憲)이다. 1612년 진사가 되고, 1616년 성균관 유생으로 권신(權臣) 이이첨(李爾瞻) 등의 횡포를 상소했다가 함경도 경원(慶源)과 경상도 기장(機張)에 유배되었다. 1623년 인조반정(仁祖反正)으로 풀려나 의금부도사(義禁府都事)가 되었으나 곧 사직하고 낙향, 여러 관직에 임명된 것을 모두 사퇴했다. 1628년 42세 때 별시문과(別試文科) 초시(初試)에 장원, 왕자사부(王子師傅)가 되어 봉림대군(鳳林大君:孝宗)을 보도(輔導)했다. 1629년 형조정랑(刑曹正郎) 등을 거쳐 1632년 한성부서윤(漢城府庶尹)을 지내고 1633년 증광문과(增廣文科)에 급제, 문학(文學)에 올랐으나 모함을 받고 파직되었다. 그는 경사(經史)에 해박하고 의약·복서(卜筮)·음양·지리에도 통하였으며, 특히 시조(時調)에 더욱 뛰어났다. 그의 작품은 한국어의 새로운 뜻을 창조하였다 할 만큼 창의성이 뛰어났다. 그의 시조는 정철(鄭澈)의 가사(歌辭)와 더불어 조선 시가에서 쌍벽을 이루고 있다.

그의 탁월한 문학적 역량은 은거 생활 속에서 뛰어난 작품으로 나타났다. 은거의 삶 속에서 찾은 자연을 문학의 소재로 채택한 시조 작품은 그를 조선시대 최고의 시조 작가로 만들었다. 당쟁이라는 시련기에 해남의 녹우당(綠雨堂)에 거처했던 윤선도는 제주도로 가는 길에 보길도에 들렀다가 그 경치와 풍광에 반해 바로 부용동(芙蓉洞)에 정착하였다. 부용동의 격자봉(格紫峰) 아래에 집을 지어 낙서재(樂書齋)라 했다. 1651년(효종 2)에는 보길도를 배경으로 하여 어부들의 사계절 모습을 담은 「어부사시사(漁父四時詞)」 40수를 지었다.

그는 정철(鄭澈)·박인로(朴仁老)와 함께 조선시대 3대 가인(歌人)으로 일컬어진다. 정철과 박인로가 가사(歌辭) 문학으로 명성을 날린데 비하여 그는 단가와 시조만 75수나 창작한 점이 특징이다. 「오우가(五友歌)」와 「어부사시사」와 문집인 「고산선생유고(孤山先生遺稿)」에 한시문(漢詩文)이 실려 있으며, 별집에 한시문과 35수의 시조, 40수의 단가가 실려 있다. 또, 친필로 된 가첩(歌帖)으로「산중신곡(山中新曲)」,「금쇄동집고(金鎖洞集古)」2책이 전한다. 저서에「고산유고(孤山遺稿)」가 있다. 앞의 작품은 오우가의 세 번째인「바위」에 대한 작품으로 자연을 벗 삼아 안빈낙도하는 선비들의 강호가도(江湖歌道)에 속한다.

위 작품은 바위의 굳셈과 변함없음을 비유하여 절개 굳은 선비의 내적인 정신세계와 선비로서 당연히 지녀야 할 덕목 같은 것을 투사의 기법으로 표현 하였는데, 이에는 윤선도 자신의 굳셈과 세상 어떠한 것에도 결코 흔들림 없는 자기 자신의 의지를 담아 율격에 알맞게 육화시킨 점이 매우 돋보이며, 당시의 당파에 휩쓸리는 혼탁한 세상에 대한 경계를 나타낸 것이기도 하다.

동창이 밝았느냐

> 동창이 밝았느냐 노고지리 우지진다
> 소 치는 아이는 상기 아니 일었느냐
> 재 너머 사래 긴 밭을 언제 갈려하나니.
> — 남구만(1629~1711) 벼슬한 후 전원생활

남구만의 본관은 의령(宜寧)이고 자는 운로(雲路)이며, 호는 약천(藥泉), 미재(美齋)라 했고 시호는 문충(文忠)이다.

1651년 사마시(司馬試)를 거쳐, 1656년 별시문과(別試文科)에 을과로 급제하여, 이듬해 정언(正言)을 지냈다. 1660년(현종) 이조정랑, 집의(執義), 응교(應敎), 대사간(大司諫), 승지(承旨)를 거쳐, 1668년 안변부사(安邊府使), 전라도관찰사가 되고, 1674년 함경도관찰사가 되어 유학(儒學)을 진흥시키고 변방수비를 다졌다. 숙종 초에 대사성, 형조판서를 거쳐, 1679년 한성부좌윤을 지냈다. 서인(西人)으로서 남인(南人)을 탄핵하다가 남해(南海)로 유배되고, 이듬해 경신대출척(庚申大黜陟)으로 남인이 실각하자 도승지, 부제학, 대제학, 대사간을 역임하였다.

1694년 갑술옥사 때 다시 영의정에 기용되어, 1696년 중추부영사가 되었다가 1701년 희빈(禧嬪) 장씨의 처벌에 대해 경형(輕刑)을 주장하다가 뜻을 이루지 못하고 퇴관, 경사(經史)나 문장을 일삼았다.

앞의 시조 작품은 남구만이 말년에 관직에서 물러나 전원생활의 풍류를 즐기며 쓴 작품이다. 주제는 농가의 부지런한 생활로 밝아오는 아침과 하늘 높이 날며 우는 노고지리를 마치 권농의 근면과 성실함을 일깨워주는 대상으로 보아 어떠한 어려움과 고단함 속에서도 주경야독해야 하는 자신과 마을 사람들에 대한 호소가 담겨 있다. 지저귀는 종달새를 통해 그의 소박한 자연 사랑의 아름다운 마음을 담고 있다.

지금도 강원도 동해 심곡의 약천 마을은 남구만의 이러한 권농가 시조작품의 무대가 된 점을 감안하여 그의 근면 성실한 생활을 본받고자 햅쌀과 산채 재배 등 농업분야에 열정을 쏟으며 생업기반을 다지고 있는 마을로 유명하다.

잘 가노라 닫지 말며

　　잘 가노라 닫지 말며 못 가노라 쉬지 마라
　　부디 긏지 말고 촌음을 아껴 쓰라
　　가다가 중지 곧 하면 아니 감만 못 하니라.
　　　　　　　　　　　　　　- 김천택(1687~1758)조선 후기 문인

　김천택의 자는 백함(伯涵), 이숙(履叔)이고 호는 남파(南波)이다. 평민 출신으로 숙종 때 포교를 지냈다. 조선 후기의 시조작가 및 가객.으로 창에 뛰어났으며, 시조도 잘 지어「해동가요」에 57수를 남겼고, 1728년(영조 4)에는 시가집「청구영언(靑丘永言)」을 편찬, 국문학사상 귀중한 자료가 되고 있다.

　특히 같은 평민 출신 노가재(老歌齋) 김수장(金壽長)과 함께「경정산가단(敬亭山歌壇)」의 동인(同人)을 결집, 시조에 신풍을 불어넣었다. 그때까지 시조계의 주류를 이루었던 학자나 문인의 시조가 한정(閑情)을 즉흥적으로 노래한 도학적이고 관념적인 틀에서 벗어나지 못하고 있었는데, 그들의 시조는 제재를 일상생활 속에서 찾았고, 그 묘사가 사실적이었으며 해학이 풍부하였다. 그러한 점으로 조선 후기 이후의 서민문학의 중요성을 일깨우는 면을 지녀 당시로서는 다분히 문예혁명이라 칭할 만하였다.

더구나 그가 엮은 시가집인 「청구영언(靑丘永言)」은 개인 문집에 있거나 구전으로 전하던 가곡의 노랫말 580수를 한데 모아 악곡을 중심으로 시대별, 인물별로 엮은 책이다. 고려 말부터 1728년 편찬 때까지 임금, 사대부, 기녀, 중인, 무명씨 등을 아우르는 다양한 가곡의 노랫말들을 한글로 실어 그의 어학적, 문학적, 문화적 가치를 엿볼 수 있으며 후반부에 수록한 「만횡청류」라는 사설시조 116수도 상당한 문학적 가치를 가진 것으로 평가되고 있다.

앞의 시조작품은 작가 자신의 후진양성의 관심과 노력에 대한 자기의지를 천명함과 동시에 자라나는 젊은이들에게 학문의 중요성은 물론, 면학의 시기를 놓치지 말라는 뜻과 학문은 이룩하려다 그만 두어 기회를 놓쳐서는 아니 된다는 뜻을 담아 면학정신의 중요성을 일깨우는 작품으로 다분히 교훈적인 특성을 지니고 있다.

현대시조 작품 해설과 분석

문 복 선
(시조시인)

손톱으로 톡 튀기면 쨍하고 금이 갈 듯
새파랗게 고인 물이 만지면 출렁일 듯
저렇게 청정무구(淸淨無垢)를 드리우고 있건만

이희승(1896~1989)「벽공碧空」전문

*벽공은 청정무구를 드리우고 있건만,

 一石 이희승은 경기도 개풍 출신으로 우리나라의 대표적인 국어학자요 수필가며, 시인이고 교육자다. 조선어학회 사건으로 함흥형무소에서 3년 동안 옥고를 치렀고,『한글맞춤법강의』(1946), 첫시집『박꽃』(1947)을 출간하였고,『국어대사전』(1961)등 수 많은 저서와 문집을 냈다. 이희승 시인은 평생 자신의 삶이 그랬듯이 작품 세계도 청정무구하고 아름다운 자연 및 진실한 인생의 삶의 모습을 노래하였다. 특히 한없이 바르고 맑은 선비 정신과 인간애를 노래하였다. 깨끗하고 티가 없는 순수의 세계를 추구한 것이 그의 시적 특징이다.

위 「벽공」은 이희승의 대표작품으로 오랫동안 고등학교 교과서에 수록되어 인구에 회자(人口 膾炙)된 작품이다. '벽공'은 곧 하늘이다. 하늘 중에도 가장 깨끗하고 맑은 가을 하늘이다. 하늘은 마음의 창문이요, 만인의 화폭이다. 그래서 사람들은 기쁠 때, 하늘에 희열을 띄우고 슬플 때 눈물을 뿌리며 삶이 고단하거나 아플 때, 하늘을 향해 탄식하거나 간절한 호소도 한다. 하늘은 입은 없으나 사람들에게 어떤 말이든지 다 하게 한다. "하늘의 놀라운 깊이와 견딜 수 없는 투명성, 이는 자연의 그윽한 깊이와 이데아의 견딜 수 없는 투명성이라고 불 수 있다" 프랑스 시인 보들레르(19c)의 말이다.
　초중장은 매우 감각적이다. "손톱으로 톡 튀기면"과 "만지면"의 인위적 행위로 인해 우리들의 이데아인 원초적 정적의 세계가 갑자기 동적 감각적 세계로 변환한다. 원형적 자연의 모습과 인간의 현실적 행위가 충돌한다. 맑고 깨끗하고 순수한 자연과 뭔가 때가 묻은 인간의 대립 갈등이다. 이를 통하여 결국 종장 "하늘의 청정무구"를 강조한다. "내 심장은 저 창공에 조그만 조각배가 되어 한없는 항해를 하며 알뜰한 향연을 누리고 싶다" 일석의 「청추 수제」의 일부다. 하늘은 움직임도 소리도 모두 거부한다. 오직 깨끗하고 맑고 티 하나 없는 순수의 고요만을 수용한다. 하늘은 거짓과 꾸밈과 그리고 혼탁을 또한 거부한다. 오직 아름다움과 진실만을 수용한다. 하늘, 티끌 하나 없는 세계, 진실하고 깨끗하고 순수한 자아와 만날 수 있는 정토의 세계다.
　마지막 종장, "저렇게 청정무구를 드리우고 있건만" 그 뒤에 이어지는, 생략된 언어의 선(禪)적 여운은 무엇인가? 이렇게 탁하고 진실하지 못하며, 때 묻고 탐욕만을 추구하는 우리 인간의 모습을 대조적으로 제시하고 있다. 고결하고 바르고 가치 있는 삶의 자세를 노래한 수작이다.

>서글픈 삼팔선을 밤새워 넘어 가네
>새벽 달 지새는데 깊은 산골 접어 들어
>내 나라 내 땅 내 길을 몰래 갈 줄 뉘 아리.
>정소파(1912~2013)「삼팔선」전문

*내 나라 내 땅 내 길을 몰래 가는 슬픔과 한

 정소파의 본명은 정현민이요, 전남 광주 출신이다. 〈동아일보〉(1957) 신춘문예 시조 당선으로 등단했고, 1974년 시조집「슬픈 조각물」을 출간했다. 백 세 넘어 장수하였고, 평생 교육자로 열심히 살았다. 그의 시작 노트를 보면, 어떠한 마음의 자세와 시적 정신으로 창작 활동을 하였는지 알 수 있다. "자연과 인생의 교감을 예술적 감각으로 형상화했다. 하고 많은 고난 속에 살아가는 우리는 시대적으로 그 삶의 고뇌와 역경을 꿰뚫고 가야 할 투쟁의 여로에서 뒤지지 않는 고도의 시 정신을 발휘해야 한다. 막힌 극한의 현실에서 앞을 바라 광명의 빛을 향해 끝없이 노래하며 가리라"
 '삼팔선', 일제의 포악한 압박에서 벗어난 1945년, 미쳐버린 무리들의 야욕이 우리 겨레에게 던져준 슬픈 선물이다. 언제나 누구에게나 자유롭게 오갈 수 있는 우리의 땅에 그 누가 보이지 않는 선을 그어놓고 슬픔과 고통과 한을 부어놓았나. 밤새워 몰래 넘어가는 발길은 떨어지질 않는다. 어두운 밤은 분열과 막힘과 갈등, 부정과 거짓 그리고 공포와 절망과 죽음의 이미지를 갖는다. 중장, 그래도 가야 하기에 새벽달을 의지해서 밤새도록 걷고 걸어 깊은 산골에 접어든다. 여기서 상황으로 보아, 밤과 대조를 이루는 것이 달이다. 언제든지 어디든지 가야만 한다는 불굴의 의지를 갖고 있는 화자의 안내자로 등장하는 사물이 바로 달이다. 새벽이 깨지면 아침이 온다. 새벽달을 짊어지고 밤새도록 깊은 산골을 걸어가는 화자의 모습은 우리 겨레가 짊어진 고난의 모습이요, 동시에 위대한 겨레의 화합과 통일에의 굳은 의지며, 그 정신이다.

종장에서 화자는, 내 나라, 내 땅, 내 길을 어둔 밤 깊은 산골을 통해 몰래 갈 줄을 차마 생각도 못했다고 탄식을 한다.

'땅'은 우리 국토요, '길'은 우리 겨레가 나아갈 삶의 방향이며, '나'는 우리 겨레. 모두 다 상징적, 대유적 표현기교를 구사하고 있다. 겨레로서의 '나'는 즉 자아다. 세상에서 가장 중요한 것은, 내가 내 삶의 진실한 주인이 되는 것이다. 우주의 중심은 '나'이며, 한 나라의 주인도 역시 '나'이다. 헌데, 화자는 지금까지 주인 노릇을 제대로 못하고 있다는 회한에 찬 자괴감을 갖고 있다. 화자의 피눈물 나는 외침에 귀를 기울인다. 자기를 똑바로 아는 사람만이 진정한 자기의 주인이 된다.

■ 현대시조 작품 해설과 분석 ■

이 광 녕
(시조시인, 문학박사)

부재(不在)

김상옥

문 빗장
걸고 있고
섬돌 위엔 신도 없다

대낮은
아닌 밤중
이웃마저 부재하고

초목만
짙고 푸르러
기척 하나 없는 날

초정(艸丁) 김상옥(金相沃, 1920~2004)은 경상남도 통영시 출신으로서 가람 이병기(李秉岐)의 추천으로 1939년 시조「봉선화」를《문장》지에 발표함으로써 문단에 등장한 시조시인이다. 그의 시조는 섬세하고 유연하며 영롱한 언어 구사가 특징이며, 시조 외에도 자유시, 동시, 수필 등 여러 분야에 뛰어난 재질을 발휘하였다.

초정의 작품은 육당과 가람, 그리고 노산과 이호우로 이어지는 현대시조의 형성기에 동시대의 다른 작가들과는 달리, 보편성에서 벗어나 상당히 색다른 모습을 보였다는게 특징이다. 그가 보인 독특한 변화의 면모는 특히 내용면에서보다는 형식미의 측면에서 남다른 실험적 태도를 보였다는 점이다. 그는 초기에 유연성과 서정성을 바탕으로 시조의 정격형을 준수하였으나, 후기로 갈수록 시조의 보편적이며 전통적인 형식 개념으로부터 멀어져 갔다. 오늘날 초정의 시조를 면밀히 검토해 보지 않은 일부 시인들은 교과서에 실렸던 초정의「봉선화」나「백자부」만을 떠올리고, 시조의 전통적 형식 바탕 위에 한국적 서정성의 발현과 섬세한 언어 구사에 충실했던 작가로만 알고 있는 경향이 많다. 그러나 후기로 갈수록「제기(祭器)」나「방관자의 노래」처럼 실험적 태도를 보이면서 때로는 자유시처럼 때로는 산문시처럼 자유로운 작시 형태를 취하고 있어 전통문학 계승측면에서 본다면 다소 아쉬움이 크다.

그러나 선정된 그의 작품 '부재(不在)'는 형식면과 내용면에 충실한 단시조이다. 초정은 현실적 아픔의 세계를 철저히

가린 채 초월적 태도를 보이는 경향이 많다.「백자부」에서 보인 것과 같이 순결성과 완결성, 그리고 현실을 초월한 신선의 세계에까지 접근해 있다.

이 단시조「부재」는 사람의 자취가 완전히 끊어진 부재적 공간을 정적(靜的) 사유의 깊이로 적절한 시어를 차용하여 잘 묘사해낸 기법이 눈길을 끈다.

완전 부재나 무소유는 어쩌면 완벽함의 극치이다. 초정은 완전한 정적 고요의 공간을 시각적으로 형상화하여 신비경에까지 접근함으로써 색다른 작품 세계를 아주 잘 그려내고 있다. 고요 가운데 불쑥 내밀고 있는 초목의 '짙은 푸르름'은 고요 속의 대비 효과와 더불어 정중동의 감각까지 느끼게 하는 독특한 표현이라고 본다.

그리움

이영도

생각을 멀리하면
잊을 수도 있다는데

고된 살음에
잊었는가 하다가도

가다가

월컥 한 가슴
　밀고 드는 그리움.

　이 글의 작가 이영도(李永道, 1916~1976)는 경북 청도 출생으로 이호우(李鎬雨, 시조시인)의 누이동생이며, 한때 청마(靑馬) 유치환(柳致環, 1908~1967)과 통영의 교원 시절 플라토닉 러브스토리로 유명했던 여류 시조시인이다. 작가는 비록 20대에 남편을 잃은 불운이 있었지만, 엄격한 환경의 집안에서 여성교육을 철저히 받고 성장한 수려한 인품의 소유자였기에 그녀는 청마와의 관계도 매우 절제하였고 평생 고독과 애틋한 그리움의 연속이었다.

　이 글은 전편이 비교적 평이한 서술로 시상이 전개되었지만, '그리움'이라는 인간 내면의 숨길 수 없는 애정이 실감 있게 표출되어 있다. 이 글이 큰 기교나 기법 장치 없이도 감동을 주는 것은 사랑 체험에 의한 농축된 감성이 문장 속에 진솔하게 드러났기 때문이다. 특히 마무리인 종장처리가 일품인데, 종장에서 독특한 시어인 "월컥"이라는 시어를 차용하여 복받쳐 오르는 그리움의 서정을 실감 있게 잘 그려내고 있다. '울컥'도 아니고 '월컥'이라니 터져 나오는 그리움이 가슴속으로부터 목구멍까지 솟구쳐 오르는 듯하다.

혼자 앉아서

최남선

가만히 오는 비가
낙수져서 소리 하니

오마지 않는 이가
일도 없이 기다려져

열릴 듯 닫힌 문으로
눈이 자주 가더라.

　육당(六堂) 최남선(崔南善, 1890~1957)은 어두운 시대에 무지몽매한 민중을 계도하면서 개화문명의 빛을 따라 사회를 이끌어간 문화 선구자로서 문학, 역사, 출판 등 다방면에 걸쳐서 그 족적이 두드러진 인물이다.
　그는 1908년 우리나라 출판사의 시발점이라고도 볼 수 있는 '신문관(新文館)'을 설립하여 우리나라 초창기 교양잡지 『少年』지를 발간하였고 소년들을 개화·계몽할 목적으로 신체시 「海에게서 少年에게」를 발표하면서 어두운 민족사의 새 국면을 타개하려고 시도하였고 창가, 신체시, 시조 등 새로운 형태의 시가들을 발표하여 한국 근대문학의 기틀을 다져나간 인물이다. 특히 그가 시조발전에 세운 공로는 매우 독

보적이다. 문주언종(文主言從)의 한문투 중심에서 실용 언어 중심으로 새 시대에 맞도록 구어체로 바꾸었고 낡고 고루한 말투를 없애는 문장개혁을 주도하였으며, 1926년에는 최초의 개인 시조집 『백팔번뇌』를 펴내어 시조 창작의 전범을 보여 주었다.

『백팔번뇌』에 실려 있는 이 작품은 육당 작품 가운데 대표작으로 꼽을 만하다. 정좌 상태에서 임을 기다리고 그리워하며 시선이 문 쪽으로 쏠리는 서정적 자아의 본모습을 잘 그려내었다. 기다리던 임이 살며시 걸어오는 듯 가만히 오는 비는 노크하듯 낙수져서 자아성찰의 고요를 깰 뿐이다. 이글의 절창은 종장으로서 그리움의 표출심리가 닫힌 문으로 눈이 자주 가는 행위로 절묘하게 묘사되고 있다. 육당의 이러한 예술적 작품성은 단순히 형식의 개척자라고만 평가하던 그의 문학적 역량을 다시한번 생각하게 만든다.

현대시조 작품 해설과 분석

원 용 우
(시조시인, 문학박사)

오동(梧桐) 꽃

이병기

담 머리 넘어드는 달빛은 은은하고
한두 개 소리 없이 나려지는 오동(梧桐) 꽃을
가려다 발을 멈추고 다시 돌아보노라

　가람 이병기는 국문학자, 교육자, 시조시인 등 여러 면에서 조명되어야 하지만, 여기서는 그의 단시조를 대상으로 논의해 보고자 한다. 가람은 원래 시조를 이론적으로 연구하여, 새로운 이론을 각 신문이나 잡지 등에 발표함으로써 이 방면에 개척자 역할을 하였다. 또 한편으로는 시조에 대한 강의나 강연을 수시로 함으로써 시조를 널리 보급하는데 앞장 선 분이다.
　그런데 『가람문선』에 실린 시조들을 보면 전기(前期)와 후기(後期)로 나누어 놓았다. 전기는 그의 『가람시조집』의 것을 대상으로 삼았고, 후기는 조선어학회 사건에서부터 그가 생존시에 생산한 작품으로 역시 『가람문선』에 실려 있다. 전기 작품은 72편 되고 후기 작품은 93편 된다. 시조 형태별로 보면 주로 연시조를 썼고, 단시조는 별로 쓰지 않았다. 위에 인용한 작품 〈오동 꽃〉은 그의 단시조이다.

  위의 작품은 기승전결 구조에 맞춰서 쓴 것 같다. 초장에서 '달빛'을 제시한 것은 기(起)이고, 중장에서 '나려지는 오동 꽃'을 제시한 것은 승(承)에 해당하고, '가려다 발을 멈추고'는 전(轉)이고, '다시 돌아보노라'는 결(結)이다. 여기서 궁금한 것은 시적 자아가 왜 떨어지는 오동 꽃을 그냥 지나치지 않고 가다가 발을 멈추고 되돌아보았느냐 하는 점이다. 생각건대 그 오동 꽃은 단순한 자연물이 아니라, '임'을 상징하는 상관물일 것이라 유추된다. 그 오동 꽃이 〈임〉이 아니라면 굳이 가다가 발을 멈추고 되돌아볼 필요가 없겠기 때문이다. 이 오동 꽃에는 이러한 깊은 뜻이 함축되었을 것이다. 시의 생명은 비유에 있다는 것을 다시 한 번 일깨워주는 작품이다.

진달래 꽃

이은상

수집어 수집어서 다 못 타는 연분홍이
부끄러워 부끄러워 바위틈에 숨어 피다
그나마 남이 볼세라 고대 지고 말더라

이은상은 경남 마산 출생으로 아호는 노산이다. 일본의 와세다대학 사학과를 나와 동아일보, 조선일보에서 언론인으로 근무하였다. 〈조선문단〉을 통하여 등단했으며, 인생의 허무를 노래한 것이 많다. 특히 그의 시조는 노래로 불리어진 것이 많다. 그는 시조뿐 아니라 자유시도 많이 쓰고 수필도 많이 쓴 것으로 안다. 그의 작품적 특징은 이해하기 쉽게 썼지만 함축성이 없어 시적인 맛이 나지 않는다. 노산에게도 호흡이 긴 연시조가 많고, 호흡이 짧은 단시조는 별로 없다.

위에 인용한 작품은 1932년 3월 6일에 쓴 것이다. 이 작품도 기승전결이나 선경후정에 맞추어 썼다. 이 작품의 특징은 의인법을 썼다는 점이다. 그러면 어떤 사람에 빗대어 썼는가. 초장에서 '수줍다'고 했고, '연분홍'이라고 하였다. 이 두 낱말은 젊은 여자에게 해당되는 것이지, '영재'하고는 거리가 멀다. 그런데 이 진달래꽃을 동시조라 하고 '영재'에 비유한 것이라 해석하는 이가 있다. 중장에서는 '부끄럽다'는 말을 반복했고, '바위틈에 숨어서 핀다'고 했다. '부끄럽다'는 말이나 '숨어 핀다'는 말은 시집가기 직전의 처녀를 가리키는 것이지, 천재나 영재하고는 거리가 멀다. 예부터 천재가 일찍 죽는다는 말이 있지만, 미인도 단명한다는 말이 있다. 그래서 종장에서는 '고대 지고 말더라'는 표현을 했던 것이다.

파초상

이태극

모래에 뿌리한 채 남국의 꿈을 바라
죽죽 벋은 잎새 훈훈한 바람이여
불붙는 햇볕을 담아 푸르름에 사는 너

　월하 이태극은 강원도 화천 출신으로 평생 시조연구와 창작과 발전을 위해 노력하신 분이다. 시조이론에 대한 저서를 많이 남겼고, 시조집도 5권을 출간한 상태다. 1960년 6월 1일에 시조전문지 『시조문학』을 창간하여 많은 시조시인을 배출하였고, 시조보급 운동에 큰 성과를 거두신 분이다. 1996년에는 회고록 『먼 영마루를 바라 살아온 길손』이란 자서전을 펴내었다. 월하의 시조정신은 ① 정형과 정격을 지킨다. ② 시조를 자기의 분신이라 생각한다. ③ 이 생명 다할 때까지 시조를 벗한다. ④ 시조를 시조시라고 생각한다. 등이다. 그런 점에서 월하는 시조의 정통성, 정체성을 지키고 강조한 모범적인 시인이라 본다.
　위에 인용한 작품〈파초상〉도 기승전결에 맞게 시상을 전개하였다. 초장에서는 그 파초가 모래에 뿌리한 식물이라 하였다. 이것이 기(起)에 해당한다. 중장에서는 '죽죽 벋은 잎새'와 '훈훈한 바람'을 제시했는데, 여기는 승(承)에 해당한다. 종장은 전결(轉結)에 해당하며, 작품의 핵심 부분이다.

"불붙는 햇볕을 받아 푸르름에 사는 너"는 결론 부분이다. 이 작품의 특징도 의인법을 썼다는데 있다. 종장의 전구는 정열적인 인간이란 뜻이고 후구는 젊음을 자랑하는 인간이란 뜻이다. 이 작품에서의 파초는 정열적이고 싱싱한 젊은이를 비유한 것이다.

(2017.8.27.)

현대시조 작품 해설과 분석

이호우의 [진주], 정완영의 [난달] 그리고 이우종의 [소리] 에 대한 소고

이 석 규
(시조시인, 문학박사)

먼저 연대순으로 이호우 시인부터 간략히 살펴 보겠다.
이호우(1912~1970)는 이은상(1903~1982) 뒤를 이어 자유시가 이 땅에 처음으로 들어와 요원의 불길처럼 온 세상을 삼킬 듯이 번져 가던 시대에 우리의 전통시인 시조를 지키기 위하여 부심했던 1세대 시인 중에 한사람이다. 1940년 문장(文章) 지에 〈달밤〉이 추천되어 등단한 후, 이병기 선생과 이은상 선생의 뒤를 이어 시조를 민족시로서 유지 보존하여야 한다는 주장을 펴는 동시에 그 시대의 화두였던 '서양'의 모든 것을 선진문화로 보고 그 방향으로 향하여 혁신해야한다는 상반된 명제 속에서 고민을 많이 했던 분이다.
그리하여 정격에 맞는 시조를 많이 발표함과 동시에 노산보다 더 파격적인, 특히 종장 둘째 소절에 5~7의 음수를 뛰어 넘는 파격을 보여주고 있다. 어쨌든 현대시조 제일세대를 대표하는 가장 뛰어난 시인 중에 한 분이라고 평가된다.

이우종은 1925년 생으로 1960년 조선일보 신춘문예에 〈탑〉이 당선되어 문단에 데뷔하였다. 오랫동안 교직에 있으면서 시조창작과 평론에 힘써왔다. 시조집 〈모국의 소리〉를 남겼으며 저서에 〈시조론〉, 편저로 〈현대시조작가 대표작집〉, 〈한국현대시조의 이해〉 등이 있다. 그의 시풍은 다소 토속적이고 향토색이 강한 경향이 있다. 그러면서도 소박한 인간미를 드러내는 시조를 많이 썼다. 그는 시조를 쓰는 이유에 대하여 간단하게 이렇게 언급하고 있다. "내가 시조를 쓰는 이유는 지극히 간단하다, 나는 한국에 태어난 한국 사람이기 때문이다." 이러한 말의 기저에는 자유시를 쓰지 않고 시조를 써야 하는 형편을 굳이 변명해야 하는 시대적 분위기가 은연히 깔려있음을 느끼게 한다.

한편 정완영 선생은 1919년생으로 비교적 늦은 1962년 조선일보 신춘문예에 〈조국(祖國)〉이 당선되었고, 이어서 '현대문학'에 〈애모〉 등의 작품으로 추천 완료됨으로써 문단에 등단하였다. 연시조도 잘 썼지만 특히 단시조를 통하여 전통적인 정조와 유연한 가락을 감각적으로 표현하는 특별한 재능을 보여줌으로써 1960년대 무렵 이후의 대표적 시조시인으로 평가 받고 있으며 많은 사람들의 사랑을 받고 있는 시인이다.

이호우 시인에 비하여 이우종 시인과 정완영 시인은 훨씬 늦게 출발하였음에도 불구하고 시조의 형식을 혁신하기보다는 정격을 고수하고 표현의 혁신을 꾀했던 분들이었음을 그들의 시조를 통해서 알 수 있다.

배앝아도 배앝아도
돌아드는 물결 타고

어느새 가슴 깊이
자리 잡은 한 개 모래알

삭이려 감싸온 고혈(膏血)의
구슬토록 앓음이여
(이호우 '진주' 전문)

이 시조는 진주가 만들어지기까지 조개의 가장 부드러운 속살 한가운데 상처를 주면서 자리를 차지하고 있는 모래알을 도저히 밖으로 뱉아낼 능력이 없는 현실 속에서, 어쩔 수 없이 아픔을 참고 참으면서 온갖 노력 심지어는 고혈, 곧 생명의 진액으로 싸고 또 감싸서 구슬을 만드는 과정을 형상화 하고 있는 가작이다. 특히 '구슬토록'이란 조어는 모래알이 구슬이 되도록, 구슬이 될 때까지, 그래서 아픔에서 해방될 때까지 견뎌낸 말할 수 없는 고통과 인내를, 그리고 '구슬프다'는 소리가 비슷한 낱말을 영상하게 하는 이중성(ambiguity)을 절묘하게 표현한 조어로 어휘의 효율성을 극대화한 점이 돋보인다.

새 소리 바람 소리 꽃봉오리 트는 소리
돌각담 끼고 돌아 나울지는 물결소리
두 손을 귀에 모으면 가슴안의 내 소리
(이우종 '소리' 전문)

이 시조는 '소리'라는 청각적 이미지에 초점을 모으고 있음을 본다. '새소리', '바람소리'는 자연 속에서 쉽게 들리는 소리고 '꽃봉오리 트는 소리' 역시 자연의 한 부분이지만 귀에는 들리지 않는 심상의 소리다. '돌각담 끼고 돌아 나울지는 물결소리' 담 가까이 흐르는 조용히 종알거리는 것처럼 작지만 분명히 지각할 수 있는 소리다. 이처럼 자연 속에는 작고 크고 아름답고 정다운 소리들로 가득 차 있다. 게다가 들리지 않는 소리까지 마음을 모아 듣는 것은 참으로 즐겁고 재미있는 일이다. 자연과 교감하고자 하는 사람들에게는 더욱 그렇다.

　그런데 시인은 여기서 끝나는 게 아니다. 청각의 초점을 내면으로 돌린다. 이것은 이미 듣는 것이 아니라, 무아의 경지로 들어가는 것이다. 그런 상태에서 결코 귀청을 울리지 않는 마음의 소리를 듣는 내적 관조와 평화, 그리고 행복의 경지를 그리고 있다.

　　저것 봐 저것 좀 봐 낮달 하나 뜬 것 좀 봐
　　어릴 제 놓친 풍선 울다 지친 분홍 풍선
　　애석한 옛 생각 같은 낮달 하나 뜬 것 좀 봐
　　　　　　　　　　　　　　　(정완영 '낮달' 전문)

　시인은 낮달을 바라보면서 상념에 잠긴다. 둥그렇고 희미한 낮달의 모습은 마치 어릴 적에 가지고 놀다 놓쳐버린 풍선을 떠올리게 한다. 그 시절에는 그런 풍선 하나 구하기가 쉽지 않았다. 그러니까 풍선 하나에도 어린아이는 애착을 갖는다. 더구나 분홍색이 아름다운 풍선이다. 바람을 잔뜩 불어놓고 가지고 놀다가 놓친 풍선이 그만 하늘 높이 날아가 버리고 말았다. 그것이 속상해서 지치도록 울었던 어린 날, 지금은 바로 그 어리던 날을 놓치고 저 하늘에 높이 떠 있는 낮달을 닮은 풍선처럼 다시 찾을 수 없음이 안타깝다. 낮달과 풍선과 어리던 지나간 시간으로 이어지는, 생각은 나는데 다시 잡을 수 없는, 다시 누릴 수 없는 그 안타까움을 이 〈낮달〉은 절묘하게 이미지화하고 있다.

시조는 우리의 시가가 있어온 수천 년 동안의 우리 선조들의 지혜와 감각의 자연적 발로로서, 적어도 700여 년 전에 완성된 우리 언어의 본질적 성향에 가장 알맞게 형성된 우리민족의 최선의 전통시이며 정형시다. 억지로 기준을 세운다면 1994년을 기점으로 서양문물이 우리의 생활 속에 침투하게 되고 대략 1920년부터 자유시가 들어와 비약적 발전을 하게 되면서, 서구화 현대화의 물결을 타는 과정에서 몇몇 천재 시조인들이 시조 혁신을 위하여 노력하였다. 몇 사람만 거명한다면 이병기, 이은상, 이호우, 김상옥 시인들이 그 대표적 인물이며 사실 그때의 분위기 속에서는 참으로 올바른 방향으로의 발전으로 보였다. 그러나 1950년대 60년대 등단한 분들 가운데는 정격을 지키고자하는 노력이 두드러지기 시작한다. 물론 다른 한편에서는 더욱더 자유시에 가까워지려는 경향을 보이는 시인들도 있어왔다.

실제로 현대의 복잡무비한 사고(思考)를 나타내기에 시조는 누구의 말대로 언어의 감옥처럼 느껴질 수가 있다. 그러나 원래 시조는 우리 언어의 형태가 만들어진 룰 속에서 그 제한적 환경을 극복하면서 어렵게 만들어내는 가운데, 진실로 언어의 절묘한 아름다움을 창조해내는 최선의 형식이다. 물론 다른 나라의 정형시들도 마찬가지다. 일본의 하이쿠는 우리보다 제한이 훨씬 더 엄격하고 답답하다. 그래도 일본 문인이 그것을 혁신하고 개혁하자는 주장했다는 말을 들어본 적이 없다. 오히려 자유시인보다 수십 배 수백 배 더 많은 인구가 하이쿠를 즐긴다. 중국의 절(絕句)이나 율시(律詩) 그리고 영시의 소네트도 그 형식을 어떤 천재가 나타나서 허물어뜨렸다는 이야기를 들은 적이 없다. 그것은 그대로 놓아두고 자유시는 자유시대로 마음껏 발전시키면서 쓰고 즐기면 되는 것이다.

물론 현대는 훨씬 더 복잡하고 생각의 바탕도 말할 수 없이 넓어졌다. 그래서 현대시조에서는 고시조에 비해 연시조가 훨씬 많은 것이 사실이다. 실제로 3장 6구 12소절의 기본형식을 지키기만 한다면 단시조든 연시조든 더욱 발전해야 한다. 더구나 단시조로 표현하기에 너무 버거운 것은 당연히 연시조로 써야 하며 그런 식으로 발전해야 한다는 것이다. 그러나 보다 함축적인 묘미는 여전히 단시조에 있다. 위에서 보여준 세 분의 시조에서 보듯이 짧고 가볍게 보일 수도 있지만 생각하면 얼마나 함축적이며 많은 이야기를 담고 있는가? 물론 이 작품들이 우리나라 단시조를 대표하는 최고의 작품이라고 하기는 어렵다. 그러나 간결성, 함축성, 고도의 이미지 창출 등에 있어서 백미임을 확인 할 수 있었다.
　이것이 바로 시조의 위력이다. 그리고 이것이 우리가 시조를 써야하는 이유이다.

시조 명칭과 형식 통일안

♠ (사)한국시조협회 (이사장 이석규)
♠ 세계전통시인협회 한국본부 (회장 김봉군)
♠ (사)한국시조문학진흥회 (이사장 김락기)
♠ 시조문학문우회 (회장 문복선)
♠ 여강시가회 (회장 박창수)
♠ 월하시조문학회 (회장 신강우)

시조 명칭과 형식 통일안

1. 명칭

이 장르의 명칭을 시조(時調)라 한다.

2. 종류

시조는 단시조(單時調)와 연시조(連時調)로 분류된다.
단 예외로 장시조(長時調)를 변격시조로 인정한다.

3. 각 단위의 명칭

1) 수(首)와 편(篇)
① 단시조, 장시조의 단위 명칭은 수(首) 또는 편(篇)이라고 한다.
② 연시조의 형태는 두 수 이상의 단시조 형태가 모여서 이루어진 것이므로 그 각각을 수라고 칭하고, 연시조 전체는 편으로 불러서 수와 구분한다.

2) 장(章)

시조는 고시조집에 행의 구분 없이 줄글로 기록되어 있었는데 근대화 과정을 거치면서 3행으로 나누어 쓰는 것이 관행으로 되어왔다.

이 3행을 각각 장(章)이라 하며, 1행을 초장(初章), 2행을 중장(中章), 3행을 종장(終章)이라 한다. 그리고 장(章)을 행이라고 부르지는 않는다.

3) 구(句)

각 장(章)의 하위 단위로서 각 장(章)을 2개의 의미 단위로 나눈 것을 구(句)라 하는데, 시조가 초장, 중장, 종장의 3장으로 되어 있으므로 6구가 된다. 각 장의 앞에 것을 내구(전구) 뒤에 것을 외구(후구)라고 한다.

4) 소절(小節)

구(句)를 다시 나누면 두 개의 소절(小節)이 된다. 따라서 초장이 2구 4소절, 중장이 2구 4소절, 종장이 2구 4소절이며, 이를 종합하면 시조는 3장 6구 12소절로 되어 있다.

4. 형식

1) 운율(韻律)

시조는 각 장 3 또는 4 음절로 된 소절이 4번 반복하는 리듬(소절율)이다.

2) 구성

시조는 초장, 중장, 종장의 3장으로 되어 있으며 각 장은 다시 내구(전구)와 외구(후구)로 되어 6구를 이룬다. 각 구는 각각 2개 소절로 되어 있다. 장별로 보면 1장 2구 4소절이며 전체로 보면 3장 6구 12소절로 이루어져 있다.

3) 글자 수

① 초장 3, 4, 4, 4. 중장 3, 4, 4, 4. 종장 3, 5, 4, 3. 총 45자를 기본형으로 한다.
② 종장 첫 소절은 3자 고정, 둘째 소절은 5~7자로 한다.
③ 나머지는 소절 당 2~5자까지 허용하며, 총 음수는 기본형에 2~3자 가감을 허용한다.

5. 시조의 배행(配行)

시조는 3장 6구 12소절로 이루어졌으므로 이에 따라 그 배열 형태는 다양하게 전개할 수 있다. 그러나 너무 많은 배열 형태는 정형성을 파괴하여 바람직하지 않으므로 3장 6구 12소절 위주로 구성하되, 소절을 다시 나누어 전개하는 것은 피해야 한다.

편집을 마치며

편집위원장 우 성 훈
(본 협회 부이사장)

　이번에 사단법인 한국시조협회에서 고시조를 포함하여 근대 현대를 모두 아우르는 '한국단시조100편 선집' 〈현대시조 유취〉를 펴 내게 된 것은 정말 보람 있고 가슴 설레는 일이다. 다른 단체에서도 현대시조 100선집을 낸 곳은 있지만 고시조까지 포함하여 엄선된 시조집을 낸 곳은 아마도 우리 협회가 처음이라고 생각된다.
　당초 우리 시조의 아름다움을 세계에 알릴 목적을 가지고 6개 국어로 번역하여 출간할 계획이었지만 번역자를 찾는데 많은 시간이 소요되고 있어 우선 단시조 집을 먼저 내고 추후 번역자를 찾는 대로 이 시조집을 근간으로 하여 〈한국 번역원〉과 외국어 번역 및 해외 출판 업무를 추진 해 나갈 생각이다.
　우리 민족의 얼이 배여 대대 손손 면면히 이어져 내려 오는 자랑스럽고 자존감 있는 정형 시조를 세계 만방에 알리는 것은 우리 시조 시인의 책무이며 자존심일 것이다. 또한 독창

적인 시조 형식은 세계 온 인류가 자랑스럽게 여길만하며 마땅히 유네스코 인류 무형 문화 유산으로 등재 되어야 할 것이다.

우리 (사)한국시조협회는 정형을 고수하는 시조 단체이다. 정형을 벗어나면 시조의 가치는 퇴색한다. 2016년 11월 국회 대강당에서 많은 시조단체와 시조시인들이 참석한 가운데 시조명칭과 형식 통일안에 대한 공청회를 가졌으며 익월에 이를 제정 발표한 일은 참으로 뜻깊은 일이 아닐 수 없다. 우리는 이러한 정형과 형식을 지키고 빛냄으로서 후손들에게 우리의 뿌리 문학인 시조를 전통 문화 유산으로 남겨줘야 할 것이다.

이번에 원고를 청탁드린 외부 인사 중 몇 분의 옥고가 미착됨으로서 함께 싣지 못하게 된 점을 안타깝게 생각하며, 또 우리 협회 회원 중에서도 기회를 얻지 못한 분이 있으나 본 시조집 발간은 차기에도 계속 이어질 계획임으로 다음 기회를 보시고 넓으신 혜량 있으시기를 기대한다.

이번 '한국단시조100편 선집' 편집을 맡아 온 저로서는 최선을 다한 일이지만 미흡한 점이 많으리라 생각 되며, 한편 개개인의 편의를 봐드리지 못한 점에 대해서도 양해 하여 주시기 바란다.

이책 말미에 고시조와 1950년 이전에 발표된 작품에 대하여 시조 시인이며 문학박사인 고명하신 여러 선생님들의 작품 해설과 분석을 실음으로써 시조문학의 역사성과 문학성을 함께 고찰 할 수 있도록 했다. 따라서 시조시인 뿐만 아니라 시조에 관심을 가지신 여러분들에게 유익한 자료가 될것으로 기대한다.
　'한국단시조100편 선집' ≪현대시조 유취≫ 발간을 이끌어 주신 이석규 이사장님, 작품 선정과 심사를 맡아주신 심사위원님들, 그리고 편집을 위해 함께 수고해 주신 편집위원님들께 고마운 마음을 전해 드린다.
　우리 협회가 발간한 이번 '한국단시조100편 선집' 〈현대시조 유취〉가 세인의 많은 관심과 호응 속에 그 빛을 유감없이 발하기를 기대해 본다.

색 인

인명부 색인

강에리	41		노 업	63
고현숙	42		노재연	64
구충회	43		류각현	65
권갑하	44		모상철	66
김광수	45		문복선	67
김귀례	46		박순영	68
김남환	47		박찬구	69
김달호	48		박헌수	70
김락기	49		박헌오	71
김명호	50		성낙수	72
김사균	51		송귀영	73
김상옥	36		신계전	74
김석철	52		신웅순	75
김숙선	53		안용덕	76
김숙희	54		안해나	77
김영배	55		양사언	20
김영애	56		양상군	78
김월한	57		우성훈	79
김윤숭	58		우 탁	13
김재황	59		원수연	80
김 준	60		원용우	81
김천택	24		원천석	15
김태희	61		원 호	17
김흥열	62		유만근	82
남구만	23		유상용	83

인명부 색인

유성규	84		임병웅	100
유준호	85		임종찬	101
윤선도	22		장순하	102
이광녕	86		전규태	103
이근구	87		전선경	104
이기선	88		정몽주	16
이미숙	89		정소파	33
이미숙	90		정완영	35
이병기	28		정유지	105
이상범	91		정진상	106
이 색	14		정 철	21
이석규	92		조영희	107
이성미	93		진길자	108
이영도	34		채윤병	109
이우종	37		채현병	110
이은상	30		천옥희	111
이일숙	94		최남선	27
이일향	95		최순향	112
이정자	96		최은희	113
이태극	32		한승욱	114
이태희	97		한재희	115
이 헌	98		현원영	116
이호우	31		홍 랑	19
이흥우	99		홍오선	117
이희승	29		황진이	18

작품명 색인

가을 서정	51		된장국	97
가을 빛	92		등대	108
간밤에 울던 여울	17		마음의 무게	53
고 목	83		매듭 풀기	86
고드름	99		매화 2	100
고향 사투리	48		목련	113
그리움	34		묏버들 가려 꺾어	19
금낭화	101		무궁화	105
금잔	91		물총새가 되어	59
길을 보다	63		미역국	70
나를 찾아서	42		바늘	111
난, 새 촉이 돋다	88		백담사	87
낮 달	35		백설이 잦아진 골에	14
낮달	81		벚꽃 만개(滿開)	106
내 겨울	82		벽공(碧空)	29
내 집의 아버지	61		별	89
누에	69		보이스 피싱(voice phishing)	76
눈 감으면	67		복수초(福壽草)	79
능선의 미	46		봄날	49
담쟁이	44		봄비	96
도라지 꽃	71		봄처녀	30
독서는 즐거워	109		부재(不在)	36
동지	95		불면	52
동짓달 기나긴 밤을	18		불면의 밤에	102
동창이 밝았느냐	23		사랑	41

작품명 색인

산사(山寺)에서	85		이 몸이 죽어 죽어	16
산사에서	64		이래도 저래도	68
삼팔선(三八線)	33		이름 모를 풀꽃이	80
상(像)	84		자연의 순리	93
생각 부메랑	66		자이브(Jive)	110
소리	37		잘 가노라 닫지 말며	24
쇠똥구리의 역사(役事)	57		장독대	50
술잔	114		재두루미	45
아침 이슬	107		저녁 노을	90
아픔	55		조각보	56
알라	58		종이꽃	117
어머니 35	75		직선이 가는 길	78
어머니 낮달	47		진주	31
어버이 살아신 제	21		창작의 힘	73
엄마품	104		첫눈	43
연가 12	103		첫눈	98
오동(梧桐)꽃	28		춘산에 눈 녹인 바람	13
오를 수 없는 산	60		태산이 높다 하되	20
오우가 3	22		파초상	32
옷이 자랐다	112		풍경	94
우전차를 마시며	54		하늘 길	115
우포늪 가시연꽃	62		혼자 앉아서	27
운필(韻筆)	74		홍시	72
은장도, 길을 열다	77		흘러라 지구 은하수	116
의자	65		흥망이 유수하니	15

175

한국 단시조 100편 선집
현대시조유취

발 행 일 : 2017년 10월 14일
발 행 처 : 사단법인 한국시조협회
발행인 겸 편집인 : 이석규
작품선정 : 이석규, 원용우, 이광녕, 문복선, 백승수, 이정자
주　　 간 : 우성훈
편집위원 : 구충회, 김흥열, 채현병, 김달호, 김명호, 최은희

출판제작 : 도서출판 조은
제 작 인 : 김 화 인
디 자 인 : 김 진 순

주소 : 서울시 중구 을지로20길 12 대성빌딩 405호
전화 : (02)2273-2408 팩스 : (02)2272-1391
출판등록 : 1995년 7월 5일 등록번호 제2-1999호
ISBN 979-11-88146-13-0
정가 18,000원

♠ 잘못된 책은 바꾸어 드리겠습니다
♠ 이 책의 내용은 신저작권법에 의하여 국제적으로 보호받고 있습니다.
♠ 전재 및 복재를 할 수 없습니다.